Karl-Markus Gauß

Die versprengten Deutschen

Unterwegs in Litauen, durch die Zips
und am Schwarzen Meer

Mit Fotografien von
Kurt Kaindl

Paul Zsolnay Verlag

1 2 3 4 5   09 08 07 06 05

ISBN 3-552-05354-9
Alle Rechte vorbehalten
© Paul Zsolnay Verlag Wien 2005
Satz: Eva Kaltenbrunner-Dorfinger, Wien
Druck und Bindung: Ebner & Spiegel, Ulm
Printed in Germany

Inhalt

Abschied in Heydekrug –
Bei den zerstrittenen Deutschen
Litauens

I

A LS WIR IN Vilnius ankamen, war es kalt und finster. Das Hotel lag einen Kilometer außerhalb der Altstadt in einem Viertel, das in sowjetischen Zeiten Šnipiškės geheißen hatte und jetzt von manchen Einheimischen Manhattan genannt wurde. Von fünf, sechs Wolkenkratzern ragten die düsteren Rohbauten in die Nacht, in der auf den breiten, für den Verkehr noch gesperrten Zufahrtsstraßen mit Walzen, Planierraupen und Preßluftbohrern im Licht mächtiger Scheinwerfer gearbeitet wurde. Als erster der Wolkenkratzer hatte das neue Rathaus seinen Scheitelpunkt bereits erreicht, während das Europa Business Centre noch einige Monate brauchen würde, um es auf die vorgesehenen 146 Meter und 33 Stockwerke zu bringen und das höchste Gebäude des Baltikums zu werden.

In Betrieb waren bereits das Forum Palace, das vom Nachtklub zum Fitnesstudio und Hallenbad vielerlei zur Ertüchtigung und Besichtigung der Leiber bot, und das Hotel Reval, in dessen 22. Stock sich in der SkyBar die Reichen der Hauptstadt mit den Neugierigen trafen, die wissen wollten, was dort geboten wurde und wie ihre Stadt von oben aussah. Es ging das Gerücht, daß außer dem Forum Palace und dem benachbarten Sarunas Hotel auch die SkyBar dem in den USA zu Vermögen gekommenen Basketballer Sarunas Marciulionis gehörte. Die jungen Männer, die beim Lift und an der Garderobe Dienst taten, sahen jedoch aus, als würden sie ihre Freizeit nicht damit verbringen, Bälle in Körbe zu werfen, sondern einander mit den Fäusten engagiert die Fressen zu polieren.

9

Sie übergaben die Besucher grimmig an freundliche Mädchen in knappen Röcken, die sie zu den ihnen aus rätselhaften Gründen zugedachten Plätzen führten. Wir tranken ein paar Gläser, schauten über die zwischen Hügeln gebaute Stadt und zahlten, als wir nach einer Stunde anderen Platz machten, den halben Monatslohn einer litauischen Lehrerin.

Durch das geisterhafte Manhattan, in dem auf dem breiten, unbefahrenen Boulevard, dem Konstitucijos prospektas, dick vermummte Gestalten arbeiteten, stumm unter dem betäubenden Lärm ihrer Maschinen, gingen wir zu Fuß zum Hotel zurück. Ringsum wurden Bürogebäude und Hotels internationaler Ketten hochgezogen, während drüben, im historischen Zentrum, jenseits der Neris, des Flusses, der die Altstadt gegen Norden und Westen hin begrenzt, jetzt im Oktober die Hotels leer standen und vor manchem witternden Prachtbau ein Schild darauf aufmerksam machte, daß es hier günstige Büroflächen zu mieten gab. Auch in unserem Hotel waren von rund hundert Zimmern höchstens zwanzig belegt, und in der Bar, an deren Eingang zu lesen war: »Europe-Bar, where Vilnius meets the 21th century«, war nur ein Tisch belegt, den drei Kellner von der Theke aus fest im Auge behielten.

Im Zimmer war es eiskalt. Daß ich im Osten angekommen war, begriff ich, als auf der Wetterkarte im Fernsehen für morgen Schneefall über Minsk angezeigt wurde. Aber was heißt schon Osten? Vilnius liegt nicht im Osten, sondern keine dreißig Kilometer von der Mitte des Kontinents entfernt.

2

Mit zehn Jahren hatte Luise Quietsch ihre Muttersprache vergessen, mit 45 fand sie sie wieder. 1950, als sie nicht mehr wußte, daß sie jemals Deutsch gesprochen hatte, glaubte sie, ihr früheres Leben nur geträumt zu haben. Sie lebte damals seit fünf Jahren in einer litauischen Familie, bei einem Schuster und einer Lehrerin, die bereits zwei erwachsene Kinder hatten und sich mit ihr nur litauisch unterhielten, in einer Sprache, die sie anfangs nicht verstand, dann rasch erlernte. Die beiden hatten sie 1945 aufgenommen, als sie, verwahrlost, halb verhungert, noch keine sechs Jahre alt, um ihr Haus geschlichen war und um Nahrung gebettelt hatte. Luise zählte zu den zahllosen deutschen Kindern, die in den Wirren des Kriegsendes aus Ostpreußen nach Litauen gelangten: manche im Troß der Roten Armee, andere auf den Dächern von Zügen, viele zu Fuß, mit ihren Geschwistern, in Rudeln von Waisen, deren Mütter verhungert, an Typhus gestorben oder vergewaltigt und erschlagen worden waren; in Banden von drei- bis vierzehnjährigen Kindern, die ihre Eltern in dem alles durcheinanderhetzenden, aufscheuchenden Finale eines Krieges verloren hatten, als Tausende westwärts flohen, die ersten Rotarmisten plündernd durch die Dörfer streiften und die letzten Mannschaften der SS Jagd auf Deserteure machten.

Ostpreußen, das war die alte Provinz zwischen Königsberg und Tilsit, territorial einst dem Herzogtum, dann dem Königreich der Preußen, schließlich dem Deutschen Reich zugehörig, doch stets ein Land vieler Völker, in dem die geflohenen Protestanten aus Salzburg Aufnahme fanden, holländische Mennoniten ihr Glück suchten, viele angestammte Litauer ebenso lebten wie die Nachkommen von solchen, die im 19. Jahrhundert, der vielgepriesenen ostpreußischen Freiheit wegen, aus dem zaristisch besetzten Teil Litauens hierher geflohen waren … Ostpreußen war spät, aber dann in verheerendem Ausmaß zum Kriegsgebiet geworden. Der Krieg, der von Deutschland ausgegangen war, fand hier, am östlichen Rand des Deutschen Reiches, ein Ende, das noch jahrelang keinen Frieden bedeutete, sondern willkürliche Strafaktionen, Deportationen, ethnische Säuberungen.

Im Herbst 1944 war die Rote Armee ins Land vorgestoßen, hatte die Flüchtlingstrecks gestoppt, manchenorts deren Besatzungen erschossen oder die Kräftigen unter den Flüchtlingen ins Innere der Sowjetunion verschleppt, von wo viele nie, andere erst nach zehn Jahren zurückkehrten. Wer überlebte und nicht deportiert wurde, erhielt die Anweisung, in sein Heimatgebiet, in die ostpreußischen Dörfer zurückzukehren, die mit dem zerstörten Königsberg auf der Konferenz von Jalta der Sowjetunion zugeschlagen wurden. 1948 wurden die Heimgekehrten vollzählig aus dem Kalinigradskaja Oblast vertrieben, der bis zum Zerfall der Sowjetunion eine militärische Sperrzone war und seither eine russische Enklave bildet, die von russischem Territorium aus nur über Litauen, Polen oder die Ostsee zu erreichen ist.

1945, nach einem Krieg, in dem Städte ausradiert, Länder verwüstet wurden und sich die Leichen zu Berge türmten, hatten die zu Waisen gewordenen ostpreußischen Kinder weder mit Beachtung noch Mitleid zu rechnen. Als kleine, zerlumpte Banditen mußten sie selber für ihr Überleben sorgen. Ihre Väter waren gefallen oder gefangen, die Mütter, stets die ersten in den Familien, die verhungerten, weil sie die Nahrung, die sie benötigten, ihren Kindern gaben, hatten sie oft selbst begraben müssen.

Luise Quietsch stammte aus einem Weiler namens Schwesterndorf und war, nachdem Mutter und Tante gestorben waren, mit ihren Geschwistern aufgebrochen. Sie war fünf Jahre alt und sagte sich beständig, wie es ihr die sterbende Mutter aufgetragen hatte, vor: »Ich bin Luise Quietsch.« Eines Tages, irgendwo, fand sie die Geschwister nicht mehr und zog mit anderen Kindern weiter, durch verlassene Dörfer, aus denen sie sich holten, was sie fanden, vorbei an Bauerngehöften, in denen oft eines der Kinder bleiben durfte, weil die Bauern ein Herz hatten oder weil sie eine Arbeitskraft brauchten oder aus beiden Gründen. Geschwister, von denen das älteste meist geschworen hatte, darauf zu achten, daß alle zusammenblieben, wurden auf diese Weise getrennt, verloren sich für Jahre, manchmal für immer aus den Augen. Luise Quietsch wußte nicht, wo sie war und daß sie mittlerweile aus Ostpreußen in ein Land namens Litauen und in die Gegend einer Stadt namens Kaunas gelangt war. Sie erinnert sich, eine Zeitlang mit russischen Soldaten gezogen und in einer russischen Kaserne gelebt zu haben, und dann, daß da Leute waren, bei denen sie unterkam. Diese Leute behandelten sie streng, ja hart, und wenn sie ungehorsam war, hieß es, sie solle ihre Sachen packen, wieder betteln gehen und verschwinden. Aber sie machten die Drohung, sie auf die Straße zu setzen, nie wahr, und irgendwann vergaß Luise Quietsch sich vorzusagen, daß sie Luise Quietsch hieß, sie hatte genug damit zu tun, in der ersten Klasse der Volksschule Litauisch und in der zweiten Russisch zu lernen, denn Litauen war jetzt ein Teil der Sowjetunion. Mit zehn, sagt sie, konnte sie nicht mehr Deutsch und glaubte, daß sie sich die tote Mutter und ihre verlorenen Geschwister nur erfunden hatte und daß sie Alfreda Pipireite war und bei ihren wirklichen Eltern in Kaunas lebte.

Sie war schon 45, als sie 1985 auf einer Straße in Vilnius, wo sie in einem Ministerium arbeitete, auf der Straße bei einem Spielwarengeschäft vorbeikam und unvermittelt zu einem höl-

zernen Spielzeug, das in der Auslage hing, »Hampelmann«
sagte. Ein Wort, das sie nicht mehr kannte, aus einer Sprache,
die sie seit 35 Jahren vergessen hatte.

3

Wir trafen uns in einem Gasthaus in der Altstadt von Vilnius,
in dem bereits die Preise des europäischen Kapitalismus verlangt wurden, aber noch die Umgangsformen der sowjetischen Kantinenwirtschaft herrschten. Der freundliche Gruß
wurde einem von niemandem, der dort arbeitete, erwidert,
gleichmütig, ohne den Mund zu einem Lächeln, freilich auch
nicht zu einem falschen, nur geschäftsmäßigen, zu verziehen,
knallte der Kellner die Speisekarte auf den Tisch, kommentar-
los notierte er die Bestellung, deponierte er auf dem Tisch die
Tassen und Teller, als wären es Ziegelsteine, die beim Bau an
die richtige Stelle gesetzt werden müssen, und ohne zu dan-
ken steckte er das Trinkgeld ein, um das er sich nicht bemüht
hatte.

Luise Quietsch war eine hübsche, mittelgroße Frau, mit
Lachfalten um die blauen, munteren Augen und mattblon-
den Haaren. Wie sie in das Gasthaus trat, uns nach kurzem
Blick durch den Saal zuwinkte und ein paar Schritte vor dem
Tisch, an dem wir uns erhoben hatten, schon zu sprechen begann, dachte ich zunächst an eine Verwechslung. Nicht nur,
daß sich ihre Lebhaftigkeit an diesem Ort der disziplinierten
Abwesenheit von Leben denkbar unpassend ausnahm, ich
hatte, mußte ich mir jetzt gestehen, wie selbstverständlich mit
einer ganz anderen Person gerechnet. Ich wußte, sie war ein
Wolfskind, eines von jenen ungezählten Wolfskindern, über
die in Litauen jahrzehntelang nicht gesprochen wurde, nicht

gesprochen werden durfte, und die sich erst vor ein paar Jahren zu organisieren begonnen hatten. Ich erwartete eine verhärmte Greisin, gezeichnet von dem Unglück, das schon über ihre Kindheit verhängt war, eine in ihrem harten Leben hart gewordene Frau, der ihr Schicksal ins Gesicht gekerbt war, und bekam es stattdessen mit einer geistreichen Dame zu tun, die jünger aussah, als sie war, und pointiert zu erzählen wußte.

Ja, die Wolfskinder, sagte sie bald, um zu ihrem, zu unserem Thema zu kommen, die Wolfskinder haben die Rechnung bezahlen müssen. Wohlvorbereitet holte sie aus der Tasche einen großformatigen Block heraus. 243 Namen von Wolfskindern enthielt die Liste, die sie in den letzten Jahren erstellt hatte, und den Namen waren Datum und Ort der Geburt sowie der jetzige Wohnort angefügt. Penibel waren alle Wolfskinder verzeichnet, die Luise Quietsch ausfindig machen konnte oder die sich, nachdem in Vilnius ihr Verein gegründet worden war, bei ihr gemeldet hatten.

Etliche der Namen waren mit einem roten Strich, viele mit einem schwarzen gekennzeichnet. Rot bedeutete, daß die betreffende Person inzwischen in die Bundesrepublik Deutschland ausgewandert, schwarz, daß sie mittlerweile verstorben war. Die ältesten Wolfskinder auf der Liste waren Mitte Siebzig, die jüngsten Anfang Sechzig. Viele Wolfskinder hatten vergessen, wer sie waren, und geglaubt, jene Ehepaare, bei denen sie an Kindes Statt aufgewachsen waren, wären ihre leiblichen Eltern gewesen. Manche von ihnen erfuhren erst am Totenbett ihrer litauischen Eltern, daß sie außer diesen für wenige Jahre auch deutsche Eltern gehabt hatten. Andere bekamen es erschrocken schon Jahrzehnte vorher zu hören, im Streit beispielsweise, wenn der Vater, zornig über die Entwicklung des Sohnes, der Tochter, diesen und sich das Zerwürfnis damit erklärte, daß sie, die Undankbaren, eben doch nicht seine echten Kinder wären. Wieder andere, vor allem die Älteren, hatten sich eine vage Erinnerung bewahrt, an der nicht alle von ihnen rühren mochten. Und dann gab es jene, die nie vergaßen, woher sie kamen, und stets entschlossen blieben, sich, sobald sie es vermochten, auf die Suche nach ihren verlorenen Geschwistern und Verwandten zu begeben.

Viele Wolfskinder wurden auch selbst gesucht, von Mitgliedern ihrer Familie, die es nach 1945 in das besetzte Deutschland verschlagen hatte, aber die Suche blieb, wiewohl jahrzehntelang betrieben, oft erfolglos. Denn in Litauen wurde in den ersten Nachkriegsjahren bei Adoptionen administrativ rigoros und bedenkenlos verfahren. Die deutsche Historikerin Ruth Kibelka, die nicht nur bedeutende Studien über die gemeinsame Geschichte von Deutschen und Litauern vorgelegt, sondern leidenschaftlich auch viele Wolfskinder bei ihrer Suche nach der Wahrheit und ihren Familien unterstützt hat, ist zum Ergebnis gekommen, daß jene, die ein streunendes Kind gleich welcher Nationalität adoptieren wollten, dies beim Kreisamt gewissermaßen mit einem Federstrich vollziehen lassen konnten. So sind die Kinder, aus denen Erwachsene wurden, vom Suchdienst des Roten Kreuzes stets unter Namen gesucht worden, die sie nicht mehr hatten und die in keinem amtlichen Dokument aufschienen.

Wie viele Wolfskinder nach Litauen gelangten, wie viele von ihnen jetzt noch leben, kann niemand sagen. Luise Quietsch, die erzählte und erzählte und sich manchesmal dabei nicht ohne Koketterie mit der Frage unterbrach, ob sie uns wohl nicht langweile mit ihrer Geschichte, hatte den Verein der Wolfskinder von Vilnius 1991 gegründet. In ganz Litauen gab es sechs Sektionen des Vereins, der den Namen »Edelweiß« trug. Die größte Ortsgruppe war die von Taurage, der alten Zollstation Tauroggen, die direkt an der Grenze zu

Vorstadt von Vilnius

Ostpreußen lag, und besonders viele Mitglieder zählte auch der Edelweiß-Verein von Klaipėda, dem alten Memel an der Ostsee. Luise Quietsch schätzte, daß es in Vilnius noch ein-, zweihundert Wolfskinder gab, die entweder nicht wußten, daß sie welche waren, oder nicht wollten, daß es bekannt werde, weil sie keine Sehnsucht verspürten, im Alter ihrer litauischen Identität noch eine deutsche hinzuzufügen.

Nicht wenige der Wolfskinder hatten die deutsche Sprache verlernt. Die sie am besten sprachen, waren die ersten, die in den neunziger Jahren nach Deutschland übersiedelten. Manche von ihnen wurden keineswegs freudig erwartet. Sie hatten Geschwister in Württemberg oder Bayern ausfindig gemacht, denen der Schrecken in die Glieder fuhr beim Gedanken, eine Schwester, die sie fünfzig Jahre nicht gesehen hatten, würde als Bittstellerin mit einem Koffer in der Hand vor der Tür ihres Eigenheimes auftauchen und sich häuslich einrichten wollen. Andere betrieben die Ausreise ihrer endlich entdeckten Geschwister energisch und fielen ihnen, nach einem halben Jahrhundert, mit dem dankbaren Gefühl, daß ihr Leben doch noch eine gute Wendung genommen habe, um den Hals.

Heute, mehr als ein Jahrzehnt, nachdem der Verein Edelweiß seine ersten Treffen abgehalten hat, finden sich bei seinen Sitzungen in Vilnius, Marijampolé oder Taurage meist alte, verbitterte Leute ein, die nur mangelhaft oder gar nicht Deutsch sprechen und sich um ihr Leben betrogen fühlen. Wenn sie das Pech hatten, auf Bauerngütern zu landen, die später kollektiviert wurden, blieben sie oft Analphabeten und sind bis heute gezeichnet von der gnadenlosen Arbeit im Kolchos. Kommt hinzu, daß viele adoptiert wurden, nicht weil ihre neuen Eltern ein verwahrlostes Kind zum Verwöhnen suchten, sondern weil sie einen Knecht, eine Magd, eine Arbeitskraft für Haus, Hof oder Werkstatt benötigten. Die

Adoption war dann ein geschäftliche Angelegenheit, die sich rechnete. Es sind Fälle von Wolfskindern bekannt, die wie Leibeigene gehalten wurden und den Tag herbeisehnten, den alle jungen Litauer fürchteten, jenen Tag nämlich, an dem die Rote Armee sie holte und in eine Kaserne steckte, die Tausende Kilometer entfernt in einer der asiatischen Sowjetrepubliken stand.

Diesen Wolfskindern verklären sich die wenigen Jahre, die sie in Ostpreußen gelebt haben, zur märchenhaften, an verwunschenen Orten verbrachten Vergangenheit; es waren die Jahre, da die deutschen Truppen Europa eroberten und der Nationalsozialismus Abermillionen Menschen den Tod brachte, aber es waren für die verlorenen Kinder Ostpreußens zugleich die besten Jahre, für manche die einzigen guten. Heute halten sie es für eine Zumutung, sich als sogenannte Spätaussiedler um die Einreise nach Deutschland bemühen zu müssen, denn im Unterschied zu den Spätaussiedlern aus Rußland wurden sie ja als Angehörige eines deutschen Staates geboren, als dessen Bürger, schlimmer: als dessen niemals anerkannte, sondern gestrafte Erben sie sich noch immer fühlen. Daß dieser Staat mit seiner ostpreußischen Provinz seit 1945 nicht mehr existiert, begreifen sie nachträglich als die Ursache ihres Elends. Das Verbrechen war für sie nicht der faschistische Staat, der Europa mit Vernichtung überzog, sondern daß er, zu ihrem Unglück – und zum Glück der Menschheit – 1945 zerschlagen wurde. Kaum daß deutsche Medien in den neunziger Jahren auf die Edelweiß-Gruppen und das Schicksal der Wolfskinder aufmerksam wurden, erhielten diese schon seltsame Besucher aus Deutschland, Kundschafter rechtsradikaler Vereine, die den Wolfskindern Litauens einzureden versuchten, sie seien die letzten getreuen Kinder Großdeutschlands.

4

Luise war mit einem Litauer verheiratet; einem guten Mann, versicherte sie, der es mit ihr nicht leicht gehabt hatte. Immerhin war sie periodisch von Erinnerungen heimgesucht worden, Bildern aus einer Vergangenheit, von der niemand glaubte, daß es sie überhaupt gegeben habe, ja, von der sie selber nicht sicher war, ob sie nicht nur in ihrer inneren Welt existierte. Diese Anwandlungen würden weniger tolerante Menschen als ihren Mann befremdet und auf die Dauer wohl ihrer problematischen Partnerin entfremdet haben. Er aber habe sie geradezu als Beweis dafür genommen, eben mit einer besonderen Frau, mit seiner phantasievollen, sensiblen Luise verheiratet zu sein, die sich Dinge vorstellen konnte, die anderen verborgen waren, und auf deren schöne Seele sich mitunter grausame Bilder legten. Und damals, als die Sache mit dem Hampelmann geschah, hatte er sie sogleich in ihrem Plan unterstützt, mit 45 Jahren noch einmal die Muttersprache zu erlernen. Sie mußte die Sprachschule nicht lange besuchen, ein Wort fügte sich an das andere, eine Satzkonstruktion erzeugte die nächste, ein Zeitform erschuf gleich all die anderen, und schon nach wenigen Monaten sprach sie fehlerfrei. Mir fiel erst jetzt auf, daß außer dem rollenden R kaum eine dialektale Färbung in Luises Sprache zu erkennen war.

Da beide in Rente waren und die erwachsene Tochter, wohlversorgt, längst ihren eigenen Weg ging, wollte Luise mit ihrem Mann nach Deutschland übersiedeln. Sie hatte dort ihre Brüder ausfindig gemacht, von denen der ältere sie beim ersten Wiedersehen nach 52 Jahren mit den Worten in Empfang genommen hatte: »Ach Luischen, Du bist aber groß geworden.« Jetzt aber, da sie endlich die Ausreisepapiere beisammen hatte, wollte ihr Mann nicht mehr, nein, er wollte nicht nach Deutschland, sondern in Litauen, hier in dieser schönen, aber immer ein wenig düsteren Stadt bleiben. Jahrelang hatte Luise Dokumente zusammengetragen, die sie für die Auswanderung benötigten. Sie seufzte. Nun war alles vergebens gewesen, und sie würde bis ans Ende ihrer Tage in Vilnius bleiben.

»So ein alter Ehemann ist wie ein Koffer ohne Henkel. Man kann ihn nicht tragen, aber ihn einfach stehen zu lassen, wäre auch schade.«

5

Ein paar Tage später lernten wir Irena kennen, deren Telefonnummer uns Luise Quietsch gegeben hatte. Wir waren in einem freundlichen Café am Rand der Altstadt verabredet und wurden von einer großen, hageren Frau erwartet, die sich an den Tisch in der entferntesten Ecke zurückgezogen hatte und sich an diesem heimelig ausstaffierten Ort sichtlich unwohl fühlte. Irena war ein wenig älter als Luise und konnte sich noch daran erinnern, wie sie mit ihrer Mutter und den vier Geschwistern aus Königsberg aufgebrochen war, um in einem Land, von dem sie vorher nichts gehört hatte und das Litauen hieß, auf die Suche nach Nahrung zu gehen. Und daran, daß es furchtbar kalt und windig war, als sie an diesem namenlosen Bahnhof in Litauen die Ihren verlor und nicht mehr fand. Seither habe sie wohl jeden Tag ihres Lebens den Bahnhof vor Augen gehabt, die Schienen, die fauchenden Lokomotiven, die drängenden, stoßenden, schreienden Menschen, und sich vorgestellt, in welchen der abfahrenden Züge die Mutter mit den Geschwistern ohne sie eingestiegen war.

Es hatte geschneit, Irena erinnerte sich, daß sie eine Woche lang um den Bahnhof gestrichen war, um nach der Mutter

Ausschau zu halten, und daß sie dann mit einer Bande von Kindern übers Land zog, im tiefen Schnee, und sie sich vom Fleisch erfrorener Ratten und Katzen ernährten.

Eine ältere, kränkelnde Frau und ihr jüngerer Mann nahmen sie schließlich bei sich auf, gutmütige Leute im Grunde, die im Rausch jedoch gewalttätig aufbrausten und nicht darauf achteten, daß sie zur Schule ging und lernte, sondern zufrieden waren, wenn Irena die Hausarbeit erledigte und auf dem Feld tüchtig mithalf. Irena war elf, als sie zum Wolfskind wurde, alt genug, daß sie ihren deutschen Namen nicht mehr vergaß. Doch wagte sie erst spät, nach ihrer Familie zu suchen. Ob sie selber gesucht wurde, das bezweifelte sie jetzt, da sie ihren Geschwistern, die sie als Kind verloren hatte, als Pensionistin wieder begegnet war.

Der Mutter war unterwegs noch eine Tochter, das älteste Kind, abhanden gekommen, sodaß sie in der damaligen deutschen Ostzone statt mit fünf Kindern nur mit zwei Söhnen und einer kleinen Tochter eintraf. Die beiden Brüder waren schon lange zerstritten. Der eine war ein überzeugter Kommunist geworden, über den Sturz des Kommunismus hinaus geblieben, und schrieb jetzt als Autodidakt die Chronik jenes Ortes, in dem er sich seit über einem halben Jahrhundert zu Hause fühlte. Der andere haßte die Kommunisten, die er mit den Russen identifizierte, oder er haßte Rußland, das er mit dem Kommunismus identifizierte, und sprach mit dem Bruder seit Jahrzehnten kein Wort, obwohl sie in demselben Ort wohnten. Die kleine Schwester, mit ihren Brüdern in der DDR aufgewachsen, verliebte sich, kaum erwachsen, in einen polnischen Studenten, zog mit ihm in seine Heimat und durfte mittlerweile auf eine Schar polnischer Enkelkinder blicken.

Wie es Irena gelang, ihre Familie zu finden, konnte sie uns

nicht recht erklären oder vielmehr: sie erklärte es immer ein wenig anders. Sie saß da und strich stundenlang das Tischtuch glatt, ihr Blick war in die Ferne gerichtet oder ins Innere gekehrt, sie sprach mit dünner Stimme wie abwesend, monoton, als würde sie eine Geschichte, die ihr Leben war, auswendig hersagen. Als letzte hatte sie die ältere Schwester ausfindig gemacht, die ihr merkwürdigerweise all die Jahre am nächsten gelebt hatte, in einem Dorf an der weißrussischen Grenze. Ihre verfeindeten Brüder in Deutschland hatte sie 1994 besucht, ohne zum einen wie zum anderen rechten Kontakt zu finden; mit der jüngeren Schwester in Polen, deren Adresse sie von den Brüdern erhalten hatte, war es herzlicher, sie trafen einander jedes Jahr. Ausgerechnet mit der älteren aber, die keine fünfzig Kilometer von Vilnius entfernt lebte, hatte sich nur eine einzige Begegnung ergeben.

Brüsk weigerte sich die Älteste, mit den wiedergefundenen Geschwistern zusammenzukommen. Ein einziges Gespräch hatte sie Irena gewährt und dann verlangt, in Ruhe gelassen zu werden. Die Erde war ihr seit dem Tag, an dem sie als Dreizehnjährige von Soldaten vergewaltigt und in ein Bergwerk im Kaukasus verschleppt worden war, die Hölle gewesen. Sieben Jahre hatte sie unter Tage geschuftet, dann wurde sie in ein Land nach Hause geschickt, in dem sie vorher nie gelebt hatte, sondern als Kind verloren gegangen war und in dem sie niemanden kannte. Mit zwanzig fühlte sie sich bereits als alte Frau, nein, sie fühlte gar nichts, sie war keine Frau, kein Mensch mehr, sondern eine Arbeitsmaschine. Sie arbeitete fortan in einer Kolchose, heiratete nie, hat keine Freundschaften geschlossen, von Liebschaften nicht zu reden. Sie hauste alleine in einer klapprigen Hütte und kämpfte um nichts als darum, die Jahre, die ihr blieben, unbehelligt und alleine verbringen zu dürfen.

Ja, sagte Irena, die Wolfskinder haben die Rechnung bezahlen müssen. Mir fiel auf, daß sie ihre Geschichte mit dem gleichen Satz beendete, mit dem Luise die ihre begonnen hatte. Als wir am späten Nachmittag aus ihren Erzählungen traten und das Café verließen, schreckten wir vor dem Lärm der Autos zurück, die in mehrspurigen Kolonnen brausten, als hätte Irena uns nicht gerade von unendlich weiten Schneefeldern, Pferdefuhrwerken, überfüllten Zügen, Panzern erzählt. Es war wie nach einer langen Nacht, wenn hinter dem überständigen Zecher und seinen Träumen die Tür des letzten Lokals donnernd ins Schloß fällt und er, entsetzt erwachend, feststellt, daß es draußen nicht so dunkel und warm wie drinnen ist und für die meisten Leute der neue Tag bereits begonnen hat, während er seinen verspätet noch zu Ende bringen muß. Sofort begann ich vor Kälte, oder eher, weil ich vergessen hatte, wie kalt der Oktober in Litauen war, zu schlottern. Irena hatte ein Herz für Menschen, denen kalt ist, und statt sich von uns wie vorgesehen zu verabschieden, führte sie uns ins Gewirr der Gassen, um uns den kürzesten Weg durch die Altstadt und zur Brücke über die Neris zu zeigen. Was für eine tapfere Frau, dachte ich mir, als sie uns zügig durch eine mit Kopfstein gepflasterte, malerische Gasse, die Stiklius gatvé, zu einer etwas breiteren Straße, der Dominikanu, voranschritt. Die ansehnlichen Häuser glänzten dort schwarz vor Nässe. Hier konnte sie uns alleine weiterziehen lassen, wir erkannten die Kreuzung, bei der die Dominikanu in die verkehrsreiche Vokiecu mündete, von wo es zur Brücke nicht mehr weit war.

Ein paar Tage später erfuhren wir, daß zwischen diese drei Straßen einst das kleinere der beiden Ghettos von Wilna gezwängt war. Die Vokiecu hieß damals, als in dem engen, malerischen Revier mit seinen krummen Gassen voll schöner Bürgerhäuser 11 000 Juden zusammengepfercht wurden, Deutsche Straße. Das Kleine Ghetto existierte nur 46 Tage, dann waren 11 000 alteingesessene Bewohner von Vilnius in die idyllisch fast die ganze Stadt umwachsenden Eichenwälder getrieben und dort erschlagen worden, nicht nur von den dafür ausgebildeten Mördern der SS, sondern auch von Bewohnern ihrer eigenen Heimatstadt, denen sie jahrelang auf der Straße, im Geschäft, beim sonntäglichen Spaziergang begegnet sein mochten, und die sich nun anstellten, ganz ohne Ausbildung, nur aus Begeisterung, am großen Lynchen teilzunehmen.

Wir standen an einer Straße mit schicken Boutiquen und großen Kaufhäusern, zahllose Passanten mit Einkaufspaketen schlenderten an den Auslagen der Geschäfte vorbei, die im hereindunkelnden Abend erstrahlten, und ich wußte noch nicht, daß wir uns an der früheren Grenze eines Ghettos verabschiedeten. Irena hatte, als sie uns von ihrem Leben berichtete, wie entrückt gewirkt, aber keinen Augenblick lang verbittert. Nachdem wir einander die Hände geschüttelt hatten, fragte ich sie noch, wo die Pylimo gatvé läge mit dem »Haus der Toleranz«, in dem wir morgen einen Termin mit dem Leiter dieses jüdischen Museums, Emanuel Zingeris, vereinbart hatten. Ach, sagte Irena da, der wird euch ja schöne Sachen erzählen.

»Was denn?

– Nun, daß es den Juden schlecht ergangen ist, daß es nur den Juden schlecht ergangen ist, daß es eine Tragödie ist, wie schlecht es ihnen heute ergeht. Es geht ihnen so schlecht, daß sie ein Museum nach dem anderen bekommen und, wo immer sie wollen, eine funkelnagelneue Synagoge hinstellen können. Es geht ihnen so schlecht, daß die Staatspräsidenten, egal aus welchem Land, alle zuerst dem jüdischen Museum und diesem Herrn Zingeris ihren Besuch abstatten. Ihre Gebäude sind in bestem Zustand, aber trotzdem sind sie es, denen es am schlechtesten geht. Uns geht es ja nicht schlecht! Warum sollte es den Wolfskindern schlecht gehen? Mir hat der damalige deutsche Innenminister Kanter einen Brief geschrieben, daß ich nicht nach Deutschland einwandern kann, weil ich schon einmal freiwillig aus Deutschland ausgewandert bin. Wissen Sie, das war damals, als ich elf war, daß ich freiwillig aus Deutschland ausgewandert bin. Jeder litauische Jude, der will, darf nach Deutschland übersiedeln, wir aber haben Deutschland ja schon einmal im Stich gelassen. Nein, nein, uns Wolfskindern geht es prächtig, aber wetten, auch der nächste deutsche Bundespräsident, der nach Vilnius kommt, wird in der Synagoge ein feierliches Gesicht machen und einen Batzen Geld liegenlassen, aber bis zu uns, ins Vereinslokal der Edelweißkinder, wird es ihm zu weit sein. So, und mehr sage ich nicht mehr, es ist gefährlich, die Wahrheit zu sagen, es ist besser, alles für sich zu behalten, jetzt habe ich ohnehin schon zu viel geredet.«

Nein, mehr sagte Irena nicht mehr. Ich schaute ihr nach, wie sie die Dominikanu hinaufhastete, als würde sie ihrem eigenen Gefühlsausbruch davonlaufen, und zwischen den Passanten, die ihr entgegenkamen, durchhuschte. Dann bog sie in die Stikliu gatvé ein, wo einst die kleinen jüdischen Handwerksbetriebe gestanden waren, und durchquerte das alte jüdische Wohnviertel mit einer Wut, die gänzlich unerwartet in ihr hochgeschossen war.

In den nächsten Wochen wurde ich noch manchesmal Zeuge, wie ein aus Bitterkeit und Enttäuschung gebrautes Gefühl in friedlichen, sympathischen Leuten, mit denen ich mich zuvor ruhig unterhalten hatte, jäh überkochte. Ein Gefühl, das so viele ältere Litauer und fast alle Deutschen Litauens hinter einer Mauer aus Erschöpfung, Vorsicht, Resignation zurückhielten, bis es sich in einem bestürzenden Ausbruch von Wut ergoß. Es war die verzweifelte Wut all dieser Menschen, daß es ihnen nicht gelungen war, die Welt von ihrem Leid, von dem Unrecht, das sie erlitten hatten, in Kenntnis zu setzen und vor einer mächtigen Instanz, der Uno, der Europäischen Union, der Weltöffentlichkeit, der Geschichte selbst, als Opfer, als das wahre Opfer in der opfervollen Geschichte des 20. Jahrhunderts anerkannt zu werden.

6

Emanuelis Zingeris wirkte gehetzt. Zu unserem Treffen in seinem Büro erschien er eine Stunde zu spät, was uns Zeit gab, die Fotoausstellung im »Haus der Toleranz« zu betrachten. Die Geschichte der Litvaks, der litauischen Juden, wurde hier nicht so dargestellt, als wäre sie unentrinnbar auf die Vernichtung zugelaufen, sondern dokumentierte die Vielfalt jüdischen Lebens in Litauen. Im Mittelalter waren Juden aus Deutschland ostwärts gezogen und hatten ihre deutschen Mundarten auf die Wanderung, die dorthin führen sollte, wo sie unbedroht ihren religiösen Riten nachgehen durften, mitgenommen. Seit 1387 war das Großfürstentum Litauen mit dem Königreich Polen in Personalunion verbunden und, bis es 1772 von den verfeindeten Großmächten Rußland, Preußen und Österreich mit vereinten Kräften zerschlagen wurde, zeitweise einer der größten Staaten Europas gewesen. Im 16. und 17. Jahrhundert errangen die Juden im polnisch-litauischen Doppelstaat eine Autonomie, so weitreichend, wie sie ihnen nirgendwo sonst gewährt wurde. Im Goldenen Zeitalter des litauischen Judentums wurde aus Wilna, wie sie polnisch, und Vilné, wie die Stadt jiddisch hieß, das vielbesungene

»Jerusalem des Nordens«. Um 1900 war Vilnius die Welthauptstadt der jiddischen Kultur, mit eigenen Tages- und Wochenzeitungen, mit Verlagen, Theatern, Universitäten.

Damals war fast die Hälfte der Bewohner von Vilnius Juden, die sich in mannigfachen religiösen, kulturellen, politischen Organisationen weltanschaulich heftig befehdeten. Die rigideste Orthodoxie hatte in Vilné ebenso ihr Zentrum wie die verschiedenen, von ihr verketzerten Reformbewegungen; es gab Juden, die für einen litauischen Nationalstaat optierten, andere, die für ein großes Polen eintraten, solche, die den Zionismus und die Auswanderung nach Palästina predigten, und wieder andere, die von der klassenlosen Gesellschaft schwärmten und eine gesamteuropäische Revolution proklamierten.

Kaum eine andere Region Europas hat eine so verwickelte, selbst in seinen Grundzügen schwer zu überblickende Geschichte wie jenes preußisch-litauisch-polnisch-jiddisch-russische Gebiet, in dem über die Jahrhunderte nicht nur das Zusammenleben der Völker erprobt wurde, sondern auch wechselweise die Germanisierung, Russifizierung, Polonisierung, Lituanisierung. Bei der Volkszählung von 1916 gaben nicht einmal drei Prozent der Bewohner von Vilnius an, daß Litauisch ihre Muttersprache sei. Gleichwohl war Vilnius die mythische Hauptstadt der Litauer, und als Litauen und Polen nach dem Ersten Weltkrieg als eigene Staaten wiedererstanden, war es für die Litauer ein traumatisches Erlebnis, daß Polen den Osten ihres Landes mitsamt der Hauptstadt okkupierte. Für beide, Polen wie Litauer, war Vilnius ein Herzstück ihrer Kultur. Aber die Litauer hatten immer noch die alte Königsstadt Kaunas, die sie statt des geraubten Vilnius in der Zwischenkriegszeit zur Hauptstadt machten, und die Polen hatten mit Warschau und Krakau mindestens zwei weitere Städte, die als nationale Metropolen taugten. Für die Juden hingegen war Vilnius das einzige Jerusalem, das es im Norden gab, an ihm mußten sie festhalten, so lange es ging.

Und wie schwer es ging! Immerhin hat Vilnius im 20. Jahrhundert mehr als zehn Mal die staatliche Oberhoheit gewechselt, am raschesten zwischen 1939 und 1945, als die Stadt zu Polen gehörte, dann kurz der Republik Litauen zugeschlagen wurde, hierauf von der Roten Armee eingenommen, darauf von der Wehrmacht besetzt und schließlich erneut von der Roten Armee in Besitz genommen wurde. Die drei letzten Besetzungen trafen die alte Stadt im Innersten, gingen mit Massendeportationen, Liquidierungen, gewaltigen und gewalttätigen Umschichtungen der Bevölkerungsstruktur einher. Keine der Nationalitäten kam heil und unbeschadet aus den Eroberungen und Rückeroberungen, als Befreiung getarnten Okkupationen und als Befreiung getarnten Okkupationen von vorher befreiten und in Wahrheit okkupierten Gebieten heraus: nicht die Litauer, nicht die Polen, nicht die Deutschen, die alle einen gräßlichen Blutzoll zu entrichten hatten.

Und die Juden schon gar nicht. Von ihnen, die kurz vor dem Zweiten Weltkrieg noch ein Drittel der Bevölkerung von Vilnius gestellt hatten, fielen 95 Prozent dem Völkermord zum Opfer, insgesamt mehr als 200000 Menschen. In keinem anderen Land wurde ein so großer Teil der jüdischen Bevölkerung so rasch vernichtet. Daß dies nur geschehen konnte, weil sich viele Litauer daran beteiligten, an diese verleugnete historische Tatsache wagt bis heute kaum jemand in Litauen zu rühren.

Emanuelis Zingeris wirkte gehetzt. Er war ein eher kleiner, rundlicher Mann von vierzig Jahren, der, in einen dunkelblauen Anzug gezwängt, die Treppen in den ersten Stock des Museums heraufsprang und dabei artistisch ein Tablett mit einer Flasche Wein und drei Gläsern balancierte. Er wußte, daß er uns hatte warten lassen und war, als er verspätet eintraf, gleich in den Keller gegangen, um uns, wie er in perfektem Englisch sagte, mit dem besten Rotwein entgegenzutreten, den ihm je eine Delegation im Haus gelassen hatte. Er kam von irgendeinem Termin in der Stadt und ihn fröstelte, bis der Wein seine Wirkung tat. Ich erzählte ihm, daß wir am Vortag mit einer eindrucksvollen Dame zusammengewesen wären, einem ehemaligen Wolfskind, das uns von seinem schweren Leben berichtet, aber auch in einem verstörenden Anfall von Wut beklagt hatte, daß niemand die Leiden der Wolfskinder anerkannte und jedes Mitgefühl den Juden vorbehalten werde. Zingeris stöhnte auf, er hörte derlei nicht zum ersten Mal.

»Dieses Land wird nie zur Ruhe kommen. Verstehen Sie, alle sind hier vollauf damit beschäftigt, die eigenen Wunden zu zählen. Niemand hat ein Interesse daran, die Vergangenheit wirklich aufzuarbeiten, auch nicht die Intellektuellen. Es gibt nur ganz wenige, die sich dieser Aufgabe stellen, die anderen machen mit bei diesem litauischen Karussel: Wer hat mehr gelitten, wer hat größeren Ruhm als Opfer verdient? Was uns weiterhelfen könnte, wäre alleine die Wahrheit, also historische Arbeit, und dann die Bereitschaft der Leute, sich der historischen Wahrheit auch zu stellen.«

Mehrfach hatte das Mobiltelefon geläutet, das Zingeris am Tisch abgelegt hatte. Er sprach und schaute zugleich, wer ihn angerufen hatte, und sprach atemlos weiter, bis es wieder läutete. Einmal mußte er am Display eine wichtige Nummer entdeckt haben, denn er nahm das Gespräch an, füllte unsere Gläser nach und verließ mit einem ironischen Augenaufschlag das Zimmer. Als er wiederkam, nein, hereinstürmte, entschuldigte er sich und fuhr sogleich fort, wo er unterbrochen worden war.

»Aber es ist schwierig, diesen Punkt zu erreichen. Denn schauen Sie, was hatten die Litauer schon vom wunderbaren 20. Jahrhundert? 1918 haben sie endlich ihren ersehnten Staat erhalten, aber gleich haben ihnen die Polen ein paar der schönsten Stücke genommen. 1940 ist die Rote Armee einmarschiert, hat binnen wenigen Wochen 20 000 Menschen, vornehmlich aus der bürgerlichen Elite, deportiert. Als im Jahr darauf die Deutschen einmarschierten, haben viele glauben wollen, ausgerechnet die Herrenmenschen kämen als Befreier und würden ihnen einen souveränen Staat schenken. Daß dabei über 200 000 Juden umgebracht wurden, die litauische Hilfspolizei mit eigenen Kommandos kräftig mitgeholfen hat und sich viele Litauer am Gut ihrer jüdischen Nachbarn bereicherten, das können sie den Juden nicht verzeihen. Dann, 1944, kamen wieder die Sowjets, und die haben gleich im ersten Monat 60 000 Litauer als Faschisten und angebliche Kollaborateure der Deutschen nach Sibirien deportiert. Natürlich ist es ihnen gar nicht darum gegangen, die Mörder der Juden und der Kommunisten zu fangen, sondern die Lehrer, die studierten Leute, damit es keine gebildete Schicht in Litauen gebe, die der Sowjetisierung hätte geistigen Widerstand leisten können. Sie müssen wissen, daß bis zu Stalins Tod wohl 350 000 Litauer entweder in russischen Straflagern schufteten oder zu Hause im Gefängnis saßen. 350 000 bei einer Bevölkerung von drei Millionen! Es gab in Litauen keine einzige Familie, von der nicht mehrere Angehörige abgeholt und unter fadenscheiniger Anklage zu wahnwitzigen Strafen verurteilt wurden. Und wer war schuld daran? Die Juden! Weil die Juden Bolschewiken waren. Und weil die Juden schuld daran sind, daß die Litauer schuldig wurden. Und wer ist heute schuld? Die Juden! Weil sie nämlich Kapitalisten sind. Wir waren am Kommunismus schuld und sind am Kapitalismus schuld, und vor allem sind wir schuld, daß Litauer sich die Hände blutig gemacht haben, als sie Juden umbrachten.«

Man merkte, daß Zingeris schon vielen Besuchern dieselben Sachverhalte dargelegt hatte, aber er sprach sich immer noch in echte Erregung. Er legte uns einen Stoß Broschüren auf den Tisch und sagte, er müsse leider kurz ins Foyer im Untergeschoß, das Fernsehen sei gekommen und er habe ein Interview zu geben. Schon war er verschwunden, vom Gang sahen wir dabei zu, wie er sich vor der Kamera in Fahrt redete, gekonnt, souverän, aber bei aller Gewandheit eben doch zugleich spontan, impulsiv. Er hatte viele Funktionen, war Direktor des Hauses für Toleranz, Parlamentsabgeordneter, Dauergast in den Medien, ein Hansdampf, der sich nicht lange bitten ließ, wenn man ihn aufforderte, eine Ausstellung zu eröffnen, an einer Diskussionsveranstaltung teilzunehmen oder Delegationen, gleich ob sie vom europäischen Schülerparlament oder dem amerikanischen Kongreß kamen, zu empfangen. Als er das Interview beendet hatte und sich wieder zu uns setzte, legte er mir die Hand auf den Arm, blickte mir verschwörerisch in die Augen und sagte:

»Believe me, once a day I will go to this university in New Jersey and for the rest of my years I will do nothing but studying in the library.«

Aber er war kein Forscher fürs Archiv, an keinem Ort der Erde konnte man ihn sich weniger vorstellen als in einer ruhigen Bibliothek. Lieber als von der Vergangenheit sprach er ohnehin von der Zukunft, und er hatte aus der prekären Tatsache, daß in Litauen kaum mehr Juden lebten, aber der Anti-

Vilnius en détail

semitismus gleichwohl nicht ausgestorben war, offenbar eine bemerkenswerte Lehre gezogen. Er hielt es weder für sinnvoll noch für gerecht, den Heutigen die moralische Last von Verbrechen der vorangegangenen Generation aufzubürden, sondern wollte ihnen vielmehr überzeugende Beispiele geglückten Zusammenlebens geben, an imponierende Persönlichkeiten erinnern, die sich auch in schwieriger Situation zu bewähren wußten.

Mit hastigen Schritten ging er uns auf den Dachboden des geräumigen Hauses voran, der gerade ausgebaut wurde. Dieser große Raum sollte, wenn er fertiggestellt war, Anton-Schmid-Saal heißen, benannt nach einem einfachen, unpolitischen Mann aus Wien, der als Wehrmachtssoldat nach Litauen kommandiert wurde und seine Position in der »Versprengtensammelstelle« dazu genutzt hatte, 300 Juden zu falschen Papieren und zur Flucht zu verhelfen. Nachdem er drei Monate lang Juden in seinem Amt beherbergt und dann mit von ihm ausgestellten Papieren selbst über die Grenze gefahren hatte, wurde er im Winter 1942 verhaftet und am 13. April 1943 von der Gestapo an eine Mauer des Wehrmachtsgefängnisses geführt und dort erschossen, ein Held aus der Wiener Vorstadt, der sich nicht als Held gefühlt hatte und von dem seine Heimat die längste Zeit nichts wissen wollte.

Feldwebel Anton Schmid, lebensfroher und sangesfreudiger Besitzer eines kleinen Ladens mit Metallwaren, hatte Frau und Tochter und war 42, als er dafür büßen mußte, daß er im Alleingang einem mörderischen Regime 300 zur Ermordung bestimmter Menschen zu entreißen wußte. Als ich Zingeris darauf hinwies, daß zwei junge St. Pöltner, die Sprachwissenschaftlerin Christiane M. Pabst und der Autor Manfred Wieninger, den Lebensspuren Anton Schmids nachgegangen waren und akribisch zusammengetragen hatten, was sich an gesicherten Informationen über ihn und sein Leben finden ließ, bat er mich, den jungen Leuten doch auszurichten, daß sie sich mit ihm in Verbindung setzen mochten.

Dann führte er uns auf das Dach, zeigte in verschiedene Richtungen der Stadt, wo er Begegnungsstätten von Juden und Nichtjuden, Jungen und Alten, Litauern und Westeuropäern, Amerikanern und Russen plante, telefonierte zwischendurch mit einer amerikanischen Stiftung und seiner Frau, mit der Baufirma, die säumig war, und einem Botschafter, der ihn zu einem Empfang eingeladen hatte. Schließlich war die Zeit, die er sich für uns frei hatte nehmen können, doch vorbei, und er brachte uns in das Erdgeschoß. Fast handgreiflich versuchte ihn dort seine Sekretärin, an neue Termine, weitere Verpflichtungen erinnernd, daran zu hindern, uns zur Verabschiedung noch vor das Haus zu führen, das an der zugigen Ecke der Pylimo gatvé und der Naugarduko stand. Wir froren im Mantel, und Zingeris stand im Anzug und winkte uns bibbernd hinterher.

Nach ein paar Metern hörten wir eilige Schritte hinter uns. Es war Emanuelis Zingeris, der den Kragen des eleganten Anzugs hochgeschlagen und die Hände in den Hosentaschen vergraben hatte. Da vorne, sagte er wie ein Schulbub, der dem Unterricht entlaufen ist, da vorne ist diese alte russische Kantine, gehen wir doch eine Kleinigkeit miteinander essen. Als wir eine dampfende Tasse Borschtsch vor uns hatten, fiel mir auf, daß die Fahrigkeit von ihm abgefallen war, daß er sich entspannte, seine Suppe langsam löffelte und uns dabei ausgelassen aus den Augenwinkeln zuzwinkerte.

Drei Wochen später schrieb ich Manfred Wieninger und Christiane M. Pabst, die den Österreichern einen in Litauen ermordeten, in Israel als Märtyrer der Gerechtigkeit verehrten Landsmann zurückgegeben hatten, einen Brief, in dem ich sie auf das Haus der Toleranz, den geplanten Anton-Schmid-Saal und Emanuelis Zingeris aufmerksam machte. Ein paar Tage später erhielt ich von ihnen zur Antwort, daß die beiden seit Jahren in diesem Haus ein- und ausgingen, mit Dalija Epstein, einer Mitarbeiterin von Zingeris, das Konzept für die Anton Schmid gewidmete Dauerausstellung entworfen hatten und auch dem Direktor schon mehrfach vorgestellt worden waren. Ich dachte mir, ich sollte vielleicht öfter nach Vilnius fahren und Zingeris dabei unterstützen, in Ruhe eine Tasse Borschtsch zu trinken.

7

So schwer zu überblicken wie die Geschichte Litauens im allgemeinen ist auch die besondere der deutschen Minderheit im Land. Sogar von einer deutschen Minderheit zu sprechen, ist schon falsch, handelt es sich doch um vier Gruppen, die sich alle als »deutsch« bezeichnen, aber weder in der Vergangenheit viel miteinander zu tun hatten noch in der Gegenwart zu tun haben möchten. Im Gegenteil, was sie verbindet, ist das Ressentiment, das sie gegeneinander hegen, der Verdacht, daß die jeweils anderen gar keine Deutschen sind und wenn doch, dann jedenfalls keine guten und keine, die für ihr Deutschtum, wie immer dieses empfunden werde, so viel gelitten hatten wie sie selber. So gründen sie Vereine um Vereine, die alle miteinander verfeindet sind und vornehmlich aus Mitgliedern bestehen, die kaum mehr Deutsch sprechen, aber argwöhnisch darüber wachen, daß außer ihnen keiner den Anspruch erhebe, ein echter Deutscher zu sein.

Die erste Gruppe, das sind die Wolfskinder. Sie fühlen sich als Deutsche, weil sie als einzige der Deutschen Litauens in einem deutschen Staat geboren und nur durch das Verhängnis der Geschichte aus ihrer Heimat Ostpreußen unter die Litauer geworfen wurden. Spricht man mit einem Wolfskind, lernt man oft einen beeindruckenden Menschen kennen, der einem einprägsam von seinem Leben zu erzählen weiß. Um sich die Sympathie für ihn zu bewahren, muß man ihn allerdings hindern, daß er vom Persönlichen aufs Politische komme und einem die historische Lehre erläutere, die er aus seinem eigenen Schicksal gezogen hat. Es wäre ungerecht zu behaupten, daß alle Wolfskinder Nationalsozialisten seien, aber eine nostalgische Beziehung zum Dritten Reich, in dem sie Familien und eine verbürgte Geschichte hatten, unterhalten viele von ihnen. Daß die gute alte Zeit für sie 1945 zu Ende ging, daran lassen sie nicht zweifeln, und sagt man ihnen, daß damals für die Welt die schlechteste Zeit zu Ende ging, sehen sie einen so spöttisch an, wie sie nur können: Sie wissen es besser, aber sie wissen auch, daß die Welt belogen wurde, belogen werden will und sie selber gegen die Lüge nichts vermögen. Als Kinder wurden sie von den Litauern und erst recht von den Russen so oft als »kleine Faschisten« beschimpft – eine Bezeichnung, mit der ihnen jeder Anspruch auf Unterhalt, Bildung, eine gesicherte Existenz, ja sogar auf das Leben selbst bestritten werden konnte –, daß sie die Beschimpfung im Alter halsstarrig ins Positive wenden. Bittesehr, wenn einem das Leben schon verpfuscht wurde, weil man mit acht Jahren ein kleiner Faschist war, dann war man jetzt mit 65 eben ein alter Faschist, der wußte, daß in Wahrheit alles ganz anders gewesen ist.

Die zweite Gruppe wird von den Litauendeutschen gebildet und hat mittlerweile so wenig inneren Zusammenhalt, daß sie nahezu vollständig zerfallen ist und in ihrem Vereinsleben den tristen Eindruck vermittelt, daß eine Volksgruppe in Zank und Hader von der Bühne der Geschichte abtritt. Wie die Juden waren seit dem Mittelalter aus Deutschland beständig auch evangelische und katholische Christen ausgewandert, um Not oder Fürstenwillkür zu entrinnen. In Aberdutzenden litauischen Städten hatten sie sich angesiedelt, oft in direkter Nachbarschaft zu Juden und Polen. Die deutschen Handwerker und Händler haben die städtische Kultur Litauens mitgeprägt, zumal die Litauer über Jahrhunderte ein Bauernvolk waren, das in den meisten Städten nur eine Minderheit stellte. Die Litauendeutschen sind, ohne eigenes Zutun, in den großen militärischen Konflikt zwischen Deutschland und Rußland geraten und in ihm zerrieben worden.

Im August 1939 schlossen Hitler und Stalin einen Nichtangriffspakt, dem ein Monat später ein geheimes Zusatzprotokoll hinzugefügt wurde, in dem sich die Sowjetunion das ganze Baltikum und Deutschland sich halb Polen als Beute sicherte. Im Sommer 1940 begehrte eine Marionettenregierung in Vilnius, daß Litauen der UdSSR beitreten dürfe, ein Ansinnen, das Stalin großmütig gewährte und dem sogleich Deportationen und die Zerschlagung der wirtschaftlichen Strukturen nach sowjetischem Vorbild folgten. Damals erging an die Litauendeutschen der Ruf, »heim ins Reich« zu kehren, dem sie, so wenig freiwillig wie die Südtiroler, die Bessarabiadeutschen oder die Gottscheer, folgten. Rund 50 000 Bewohner von Wilna, Kowno oder Tauroggen kehrten aus dem Land, in dem Deutsche jahrhundertelang mit einem Dutzend anderer Nationalitäten zusammengelebt hatten, in eine Fremde heim, in der sie keineswegs wie versprochen in geschlossenen Verbänden angesiedelt, sondern in behelfsmäßigen Sammellagern im Warthegau untergebracht wurden.

Nach dem Überfall der Wehrmacht auf die Sowjetunion geriet Litauen 1942 unter deutsche Besetzung. Etwa 25 000 der im Jahr davor ins Reich Verfrachteten kehrten mit den deutschen Truppen heim nach Litauen, wo sie immer gelebt hatten. Als 1944 die Rote Armee die Wehrmacht zurückwarf, sind fast alle von ihnen neuerlich aufgebrochen. Für jene, die blieben, kamen schwere Zeiten, in denen sie bis in die Reformära der achtziger Jahre herauf tunlich zu verbergen hatten, daß sie Deutsche waren. Ein paar Hundert oder Tausend solcher Litauendeutscher leben noch heute weit verstreut im Land. Die ich kennenlernte, haben nicht vergessen, daß Hitler sie aus strategischen Gründen verraten und aus ihrer angestammten Heimat gerissen hat, und sind folglich gegen großdeutsche Illusionen gefeit. Hingegen sind sie durchaus patriotische Litauer, verbittert in einem geradezu ethnifizierten Antikommunismus, der sich in ihnen zu einem vehementen antirussischen Affekt verwandelt hat.

Ihre innige Abneigung gilt der dritten Gruppe, den Rußlanddeutschen. Sie gelten ihnen nicht als Deutsche, sondern als Russen, die sich den allmählichen Zerfall der Sojwetunion zunutze machten, um sich so weit wie möglich in den Westen, an die Tore der Europäischen Union zu begeben, von wo sie dereinst als Spätaussiedler in die Bundesrepublik auswandern und den Litauendeutschen die spärlichen deutschen Unterstützungsgelder wegnehmen werden. Die Rußlanddeutschen haben von allen deutschen Gruppen Litauens die längste Wanderung hinter sich. Sie begann 1763 mit dem folgenreichen Manifest der Zarin Katharina, das die Hungrigen Europas aufrief, nach Rußland zu ziehen und die endlosen Weiten des Landes zu besiedeln. Rund 100 000 deutsche Bauern, Handwerker, Händler folgten dem Aufruf und ließen sich – ausgestattet mit großen Privilegien wie der Befreiung von Steuer- und Militärpflicht – an der Wolga, im Kaukusus, auf der Krim nieder. 1941 mußten über eine Million Rußlanddeutscher, meist binnen weniger Tage oder gar Stunden, ihre Häuser und Siedlungen im europäischen Teil der Sowjetunion verlassen und in Gebiete östlich des Ural ziehen. Unbesehen galten sie, deren Urgroßeltern schon in Rußland gelebt hatten, jetzt als fünfte Kolonne Hitlers. Erst 1964 wurden sie durch den Obersten Sowjet vom Vorwurf des kollektiven Verrats freigesprochen, was aber nicht dazu führte, daß sie aus Kirgisien oder Kasachstan wieder an die Wolga, ins Schwarzmeergebiet oder in die Ukraine hätten zurückkehren dürfen oder daß gar ihre Autonome Wolgadeutsche Republik wiedererstanden wäre.

Gleichwohl lebten 1989 wiederum zwei bis drei Millionen Menschen auf dem Gebiet der Sowjetunion, die sich als Rußlanddeutsche verstanden. Innerhalb der Sowjetunion hatte es immer Möglichkeiten gegeben, aus der einen in eine andere Republik zu übersiedeln, und vor allem seit den sechziger Jahren ist es vielen Rußlanddeutschen gelungen, beispielsweise als Spezialisten in besonderen Berufen, sich mit ihren Familien in Litauen niederzulassen. Heftig abgelehnt von den Litauern wie den angestammten Litauendeutschen, haben sie sich oft in Städten ohne jegliche deutsche Tradition angesiedelt und, doppelt Entwurzelte, dort eigene Vereine gegründet. Von den Wolfskindern und den meisten Litauendeutschen werden sie verächtlich der russischen Minderheit zugerechnet, die rund zehn Prozent der Gesamtbevölkerung ausmacht und von vielen als überständiger Restposten der sowjetischen Herrschaft gehaßt wird.

Bleiben die Memelländer, die vierte Gruppe von Deutschen in Litauen, die einzige, die über so etwas wie einen freilich sehr lockeren Siedlungszusammenhang und eine Art von regionaler Identität verfügt. Von den staatlichen Anfängen des preußischen Ritterordens bis 1918 war das Memelland, das seinen Namen von dem alle paar Jahre das Land mit seinem Schmelzwasser überflutenden Fluß sowie der gleichnamigen Hafenstadt an der Ostsee hat, immer ein Teil Preußens, genauer Ostpreußens gewesen. Freilich einer, in dem sich eine Art schwebendes Volkstum herausgebildet hatte, eine zweisprachige preußisch-litauische Kultur, in der die Zugehörigkeit zur litauischen oder zur deutschen Nationalität nicht exklusiv war, sondern in einer Familie von Generation zu Generation oder gar von Anlaß zu Anlaß wechseln konnte. Das Gleichgewicht, das der Region ihr unverwechselbares Gepräge gab, kam erst im 19. Jahrhundert ins Wanken, als die Germanisierung von oben eine Lituanisierung von unten provozierte. Der Friedensvertrag von Versailles trennte das Memelland 1919 vom übrigen Ostpreußen und damit von Deutschland ab und stellte es unter französische Verwaltung. In einem Putsch mit operettenhaften Zügen überwältigten litauische Freischärler 1923 die wenigen französischen Soldaten und proklamierten den Anschluß des Memellandes an Litauen, was nichts daran änderte, daß die Region vorwiegend deutsch geprägt blieb.

1939 wurde Litauen vom Dritten Reich gezwungen, das Memelland abzutreten und dessen Wiedervereinigung mit Ostpreußen zuzustimmen. Am 23. März verkündete der Führer in Memel, notabene vom Balkon des Stadttheaters, die »Heimkehr« des Memellandes in das Großdeutsche Reich. Zum Unterschied von den Litauendeutschen, die mit der Losung »Heim ins Reich« ihre Städte in Mittel- und Ostlitauen verlassen mußten, war das Reich zu den Memelländern gekommen. Für sie schlug die Stunde erst im Sommer 1944, als das Gebiet von der Wehrmacht evakuiert wurde, was nichts anderes bedeutete, als daß die rund 130 000 Memelländer gezwungen wurden, ihr eigenes Land in großen Trecks zu räumen. Zwischen 1945 und 1948 kehrten ein paar Tausend, von der sowjetischen Verwaltung dazu ermuntert, in ihr verödetes Land zurück, was die meisten von ihnen den Rest ihrer Jahre bitter bereuten. Kein anderer Teil Litauens wurde in den nächsten Jahren so rigoros russifiziert wie das Memelland, das wegen des militärischen Hafens in Memel, das nunmehr Klaipėda hieß, lange Zeit eine Sicherheitszone bildete, in die hinein und aus der heraus man nur mit besonderer Genehmigung kam. Gleichwohl hat sich untergründig in Klaipėda selbst, mehr aber noch in den umliegenden Kleinstädten und in den Dörfern im Moor- und Schwemmgebiet der Memel die Erinnerung an das alte, schwebende Volkstum zwischen deutscher und litauischer Kultur gehalten. Da und dort finden sich wieder Leute zusammen, die unter den gänzlich anderen Bedingungen von heute, in einem Land, das längst von der Globalisierung erreicht wurde, daraus wieder etwas machen wollen, weniger als Reminiszenz an das, was unwiederbringlich dahin ist, denn als Versuch, eine regionale Tradition aufzugreifen, in der ihnen europäische Zukunft zu liegen scheint.

8

Das erste, was wir vom Vorsitzenden sahen, war, daß er die Treppen herunterfiel. Er hatte uns in ein altes Lokal in der Altstadt bestellt, das in einem tiefen Kellergewölbe lag und nur über eine steile, düstere und enge Wendeltreppe zu erreichen war. Wir saßen schon eine Zeit unter lauter Einheimischen, von einem dicken Wirt kumpelhaft begrüßt und bedient von einem gutgelaunten Kellner mit imposantem Zwirbelbart, der wirkte, als würde er an seinem freien Tag Stammgast seines eigenen Lokals sein. Da war von ziemlich weit oben ein dumpfes Poltern und Rollen zu vernehmen, als würde eine Kiste die Treppen heruntergeworfen, in das sich bald ein erschrecktes, fast flehentliches Fluchen mischte. Kurz darauf kam auch schon ein Mann aus der letzten Kurve der Wendeltreppe herausgeschossen, noch aufrecht und auf den Beinen, die er aber längst nicht mehr so schnell auf die Steintreppen setzen konnte, wie er unterwegs war. Erwinas, Vorsitzender der »Deutschen Gemeinschaft von Vilnius«, stürmte mit dem ganzen Schwung, in den er die Wendeltreppe abwärts geraten war, krachend die letzten drei Stufen in das Gewölbe herunter, überknöchelte mit dem rechten Bein und schlug mitten in der Wirtsstube auf dem Boden auf. Der Wirt und ein paar Gäste sprangen hinzu, halfen ihm auf, dann setzte von den massiven Holztischen ringsum Beifall ein, der die originelle Art, in der hier einer das Lokal betreten hatte, ebenso belohnte wie die Kontenance, mit der dieser nun, wieder stehend, nach allen Richtungen sich verbeugte und mit schmerzverzerrtem Gesicht abwinkte, als wäre das unerhebliche Kunststück solches Aufsehen nicht wert.

Erwinas war eine stattliche Erscheinung. Ein Mann von vielleicht 65 Jahren, groß, schlank, drahtig, mit buschigen weißen Augenbrauen. In Vilnius erkannten ihn viele auf der Straße, denn er trat im Fernsehen in mancherlei Werbespots auf. Vor der Pensionierung war er beim litauischen Fernsehen angestellt gewesen, hatte beim Kinderfunk Regie geführt und als Schauspieler auch in einer Serie mitgewirkt, an der Stationen westlicher Länder als Co-Produzenten beteiligt waren. Nun saß er da und versuchte sich nichts anmerken zu lassen. »Meine Lieben, das ist jetzt ein bissel traurig«, sagte er und meinte damit, daß sich unser Zusammentreffen Besseres verdient hätte, als daß er vor Schmerz die Zähne zusammenbeißen mußte.

In seinem Beruf sei er vielen Menschen begegnet, aber außer seiner Frau und seinem Bruder hatten nur drei enge Freunde gewußt, daß Deutsch seine Muttersprache war. Erwin war in Taurage, 600 Meter von der ostpreußischen Grenze entfernt, aufgewachsen. Seine Eltern mußten 1941 »heim ins Reich« und landeten irgendwo in Ostdeutschland. Als die Rote Armee die deutschen Stellungen überrannte, wurde die Familie wieder zurück nach Litauen verfrachtet, eine der vielen Zwangsmaßnahmen, von denen niemand wußte, wer sie zu welchem Zweck veranlaßt hatte, denn zur selben Zeit wurden andere Deutsche aus Litauen vertrieben. Die Mitglieder seiner Familie hingegen mußten aus Deutschland, wohin sie nicht eben freiwillig gekommen waren, wieder zurück nach Litauen, wohin sie jetzt lieber nicht mehr wollten, nur um die nächsten vierzig Jahre zu verbergen, daß sie eigentlich Deutsche waren. Absurd, sagte Erwinas, absurd wie das ganze 20. Jahrhundert in dieser verdammten Region. 1947 hatte Erwin ein traumatisches Erlebnis. Er und sein Bruder, die sich auf der Straße deutsch unterhalten hatten, wurden von jungen russischen Soldaten als »Hitlerininkai« beschimpft und im Kreis herumgestoßen, bis sie sich selber lauthals als kleine Hitler bezeichneten. Als sie blutend und weinend nach Hause kamen, nahm ihre Mutter sie in die Arme, und sie mußten schwören, nie wieder ihre Muttersprache zu sprechen. Die Mutter starb zwei Jahrzehnte später und hat mit ihnen kein Wort Deutsch mehr gesprochen, nicht einmal auf ihrem Totenbett. Das alles, sagte Erwinas, war »schon ein bissel traurig«.

Er hielt sich an den Schwur bis Mitte der achtziger Jahre. In der Aufbruchstimmung von damals gestand er ein paar Kollegen, daß er eigentlich aus einer deutschen Familie stammte. Daß er, der litauische Regisseur und Schauspieler, in seiner Kindheit nur Deutsch gesprochen haben sollte, mochten sie kaum glauben, aber als er von seinen Plänen erzählte, auch andere ausfindig zu machen, denen es so wie ihm ergangen war, ermunterten sie ihn. Damals war die Gesellschaft selbst dabei, ihre Geschichte zu entdecken und sich der so lange verbotenen Themen zu widmen. Kollegen, die jahrzehntelang verheimlicht hatten, daß ihr Vater als Volksfeind in Sibirien gestorben war, bekannten sich nun plötzlich dazu, von einem Feind des kommunistischen Regimes abzustammen. Die längste Zeit war dies ein Makel gewesen, der einem die Karriere zunichte machen konnte. Wer einen Verwandten hatte, der im Gulag saß, mußte schon mehr als bloß die Pflichtübungen des Konformismus absolvieren, damit er studieren oder in einem von ihm bevorzugten Beruf arbeiten durfte. In den achtziger Jahren änderte sich das, und das erste war, daß sich in einem Kampf um Worte die Bedeutung dieser Worte änderte. Obwohl Litauen noch eine Sowjetrepublik und Teil der UdSSR war, wurden aus Verrätern am Sozialismus nach und nach Widerstandskämpfer und aus Helden der sozialistischen Arbeit Kollaborateure von Okkupanten.

1989 gründete Erwin die Deutsche Gemeinschaft von Vilnius, eine der ersten Organisationen dieser Art in Litauen. Mittlerweile gab es im Land angeblich über vierzig ähnlicher Vereine, die einander mit so großen Vorbehalten gegenüberstanden, daß es erst gelingen wird, sie unter einem gemeinsamen Dachverband aller zu vereinen, die sich als deutsch oder deutschstämmig verstehen, wenn es diese Deutschen oder Deutschstämmigen gar nicht mehr gibt. Die Deutsche Gemeinschaft in Vilnius zählte 42 Mitglieder, nur drei von ihnen, gab ihr Vorsitzender bereitwillig zu, konnten sich noch auf deutsch miteinander unterhalten. So trafen sich lauter Leute, die auf litauisch darüber klagten, daß sich im konkurrierenden »Verein der Deutschen Litauens« arglistige Russen

als Deutsche ausgaben. Denn dieser Verein war von Rußlanddeutschen gegründet worden, und sollten das überhaupt
Deutsche sein, dann jedenfalls dumme, denn die Rußlanddeutschen waren ja irgendwann freiwillig nach Rußland ausgewandert. Und wer tut das schon? Die Russen haben mein
Leben zerstört, sagte Erwinas.

»Diese Feigheit, zu der sie uns gezwungen haben, daß wir
niemandem gegenüber ehrlich sein durften, weil immer jemand mitgeschrieben hat. Diese Verlogenheit, daß wir immer über etwas jubeln mußten, über große Errungenschaf-
ten, die keine waren, über wirtschaftliche Erfolge, von denen wir wußten, daß es sie nicht gab. Wissen Sie, in den
fünfziger Jahren sind die Bauern, deren Güter kollektiviert
wurden, zum Sonntagsmarkt in die Stadt gefahren und haben dort gebettelt. Sie müssen sich das vorstellen, wohlhabende Bauern, die vorher auf den städtischen Märkten ihr
Gemüse und Fleisch verkauft hatten und die jetzt auf demselben Markt bettelten, weil ihre fruchtbaren Güter vom
Kolchos verschluckt wurden und das halbe Land verfiel.
Und sowas mußten wir als Triumph der Planwirtschaft
bejubeln! Wir haben alle ein doppeltes Leben führen müssen, jeder hat gewußt, wie die Sache läuft, aber außerhalb
deiner vier Wände hast du laut behauptet, daß sie ganz
anders, nämlich wunderbar läuft. Aber das Allerschlimm-
ste, das war diese dauernde Dankbarkeit, die wir der großen Sowjetunion bekunden mußten, weil sie uns befreit
hatte. Sie hat uns nicht befreit, sondern zweimal okku-
piert! Das erste Mal, bevor die Nazis kamen, das zweite
Mal, als sie die Nazis besiegten. Eine Bande von Okkupanten und Verbrechern, die einen wie die anderen. Die Russen haben alles zerstört, was in Litauen schön war. Die
Dörfer und die Städte. Ist Ihnen nicht aufgefallen, daß hier

alles grau ist, grau, grau, grau? Jetzt nicht mehr so, stimmt. Aber vor zehn Jahren noch, Sie können sich nicht vorstellen, wie traurig es war, in Litauen zu leben. Unser Leben ist von den Russen zerstört worden.«

Er sprach theatralisch, wie Schauspieler das tun, aber die Tränen, mit denen er rang, waren echt. Unter den gewaltigen Augenbrauen hatte er den Blick seit längerem starr vor sich auf den Tisch gerichtet, und wenn er nicht sprach, sog er mit verzweifelter Kraft an der Zigarette. Es dauerte einige Zeit, bis ich begriff, daß er damit nicht nur den großen Schmerz seiner Seele hinunterschlucken, sondern auch die körperlichen Schmerzen vergessen wollte, die ihn peinigten. Erwinas hatte sich beim Sturz ins Lokal nämlich den Knöchel gebrochen.

Als wir nach zwei Stunden die Rechnung bezahlten, konnte er nicht mehr aufstehen. Das halbe Lokal war beteiligt, ihn die Treppen hinaufzuheben, hinauszuschieben. Mit dem Taxi fuhren wir in das Krankenhaus, wo in der Notaufnahme um 22 Uhr noch ziemlich viel los war: weinende Kinder, in die Arme ihrer Mütter oder Väter gedrückt, bleiche Erwachsene, die eine klaffende Wunde hatten, ein paar Betrunkene. Trotzdem dauerte es nicht lange, bis Erwinas drankam. Er wurde ins Röntgenzimmer gefahren; als der Pfleger ihn herausbrachte, hob er die Hand zum Victory-Zeichen. Was ist, fragten wir.

»Keine Sorge, der Schädel ist noch ganz, nur der Knöchel gebrochen. Ich kann gleich dableiben. Das wird ein bissel traurig für meine Frau, weil, seitdem ich in Pension bin, war immer ich es, der gekocht hat.«

9

Elektrėnai liegt etwa vierzig Kilometer westlich von Vilnius
an der Autobahn, die die Hauptstadt mit der alten Königsstadt Kaunas verbindet und von dort durch die Ebene bis
nach Klaipėda an die Ostsee führt. Mit seinen rund 20 000
Einwohnern ist Elektrėnai in keinem litauischen Reiseführer
verzeichnet, weil solche Bücher in der Regel einer falschen
Auffassung von Sehenswürdigkeit verpflichtet sind, nämlich
dem offenkundig Schönen in Natur und Baukunst. Dies aber
ist weder eine schöne noch eine häßliche, aber dennoch eine
sehenswerte Stadt.

Sie hat sich nicht, wie andere Städte, über die Jahrhunderte
entwickelt, sondern ist 1962 gemäß einem Beschluß der kommunistischen Regierung gegründet und auf eine große freie
Wiese gesetzt worden. In der »ersten atheistischen Stadt der
Republik« wird seither nichts als Strom erzeugt, allerdings
sehr viel Strom. Im Nordosten Litauens, an der Grenze zu
Weißrußland, arbeiten in Ignalina zwar zwei überdimensio-
nierte Atomreaktoren, die mehr Strom produzieren, als Litauen braucht. Aber die beiden Reaktoren zählen zu den unsi-
chersten in Europa und mußten wegen Störfällen immer wieder heruntergefahren werden. Dann waren es wieder die
thermischen Kraftwerke von Elektrėnai, die die Stromversor-
gung des ganzen Landes übernahmen. Der erste der beiden
Atomreaktoren von Ignalina wurde nach langen Verhandlun-
gen mit der Europäischen Union bereits abgestellt, der zweite
muß bis 2009 endgültig heruntergefahren werden. Dann ist
Elektrėnai, wie es in der Ära vor den Atomkraftwerken geplant war, wieder der wichtigste Energieproduzent Litauens.

Eine atheistische Stadt hat es schwer, sich das zu schaffen,
was mit dem Kirchplatz andernorts die Mitte der Stadt, des

Dorfes bildet, eine einst nicht nur topografische, sondern auch spirituelle Mitte. Natürlich hat Elektrėnai einen Hauptplatz mit Kulturzentrum, Verwaltungsgebäuden, Großkaufhaus, aber der hat die Leute nie angezogen.

Als wir Samstag mittag von der Autobahn abfuhren, gerieten wir in eine sonderbare Welt. Die Stadt lag mitten in einem riesigen Park, großzügig dehnten sich Wiesen und Hügel zwischen den Siedlungen, überall führten Gehwege zu Kinderspielplätzen, kleine Alleen zu Erholungsstätten mitten in dieser künstlichen Stadt, um die sich eine große Ringstraße zog, von der nur schmale, wenig befahrene Wohnstraßen zu den hohen Gebäuden abzweigten. Viele Leute waren zu Fuß unterwegs, sie kamen alle aus derselben Richtung, mit Einkaufstaschen, Rucksäcken, Leiterwagen. Sie kamen vom wirklichen Hauptplatz am Stadtrand, einem schmutzigen, auf Lehm und Morast improvisierten Markt, der sich von der Ordnung der Stadt durch das lebendige Chaos abhob, in dem dort die Buden, Kioske, Ladeflächen von einer dicht gedrängten, sich langsam dahinschiebenden Menschenmenge umlagert wurden. Man konnte hier alles erstehen, vom billigen Tand zur High-Tech-Ware, vom Mobiltelefon mit dem Porträt Osama bin Ladens zu eleganten Anzügen, vom neuen Mikrowellenherd zum abgefahrenen Winterreifen.

Er fiel mir bei einem Stand für Schuhe auf. Er schien weit über Siebzig zu sein, war krummbeinig, alle seine Kleidungsstücke hatten etwas Dunkles und Verschossenes, der dunkelblaue, schmierige Pullover, darunter das graue, um den Hals zugeknöpfte Hemd, darüber das dunkelbraune Sakko, die Hose ausgewaschen schwarz und weit über die Knöchel herauf mit Lehm bespritzt. Auf dem Haupt saß ein dunkler Hut, dessen ursprüngliche Farbe nicht mehr zu bestimmen war und unter dem ein paar Haare derselben dunklen Farblosigkeit hervorstachen. Das Gesicht war stark gerötet und drückte, mit dem zuckenden, dünnborstigen Oberlippenbart, ziemlichen Ärger aus. Jedenfalls redete der Mann auf die Schuhhändlerin ein, die ihn mit verächtlicher Gebärde längst abgewiesen hatte, wie auch er sich schon mehrfach von dem Stand abgewendet hatte und sich dann doch wieder zu der Frau umdrehte, um ihr noch ein paar böse Worte zu sagen. Er wurde von einem zweiten Mann begleitet, der etwas dicker, größer und jünger war und alles, was sein Kompagnon sagte, mit einem schweigenden Kopfnicken bekräftigte. Dieser schimpfte auf russisch weiter, bis er mich erblickte und, da ich meinen Blick nicht rechtzeitig weiterwandern ließ, zu seinem Komplizen machen wollte.

Alles, was ihm am Schuhstand und in seinem langen Leben an Unrecht widerfahren war, versuchte er jetzt mir zu erklären, und es dauerte eine Weile, bis er merkte, daß ich ihn fast nicht verstand, was ihn dazu veranlaßte, seine Rede noch eindringlicher zu halten, weil er hoffte, indem er die Dinge übertrieben betonte, würde es ihm gelingen, mich immerhin ahnen zu lassen, was sie bedeuteten. Er konnte kaum Litauisch, was bis 1991, als Litauen aus der Sowjetunion ausschied und wieder ein unabhängiger Staat wurde, auf viele während der Sowjetzeit ins Land gekommene Russen zutraf. Immerhin war Russisch zwischen 1945 und 1991 die Amtssprache Litauens gewesen, und das, obwohl nur rund zehn Prozent der Bevölkerung Russen waren. So redete der Alte, der in seinem Ärger nicht nur von seinem stummen, fortwährend nickenden Begleiter verstanden werden wollte, weiterhin russisch auf mich ein, wobei er sich, der besseren Verständigung wegen, gelegentlich einiger litauischer Wörter bediente. Endlich begriff er, daß ich Deutsch konnte, und da war es um ihn und mich geschehen. Denn Mihail Stutz, der auch schon Mihail Konstantinowitsch geheißen hatte, glaubte nun, in mir den Bruder entdeckt zu haben, und darum setzte er seine großen Anklagerede vor dem Weltgericht dieses im Morast versinkenden Marktes in einer Sprache fort, von der ich erst nach einer Weile daraufkam, daß er sie für die deutsche hielt.

Bei einer Imbißbude in der Mitte des Marktes standen wir nun zu dritt, der Deutsche aus Rußland, der mit der Kaltherzigkeit der Litauer haderte, ich, der ich kaum begriff, wovon er mich in Kenntnis setzte, und sein großer, dicklicher Freund, der immer, wenn ich ihn anschaute, die Augen etwas weitete und bestätigend zu nicken begann. Mihail Stutz wurde in einem Dorf in der Nähe von Tiflis geboren, in Georgien also, und natürlich klärte er mich darüber auf, daß auch Stalin ein Georgier gewesen sei. Das ganze Dorf wurde zwar auf Geheiß Stalins in das Gebiet Pawlodar im Norden Kasachstans deportiert, aber einen gewissen Stolz auf seinen Landsmann schien Mihail Stutz dennoch zu hegen. Vielleicht dachte er, diese hochmütigen Litauer würden mehr Respekt vor ihm haben, wenn jener Georgier noch lebte oder nach seinen Gesetzen regiert würde. Ich schaute den schweigenden Begleiter von Stutz an, und der begann sofort zu nicken, als hätte er meinen Gedanken gelesen und würde mir recht geben.

Nach Elektrėnai war Stutz erst vor zehn Jahren gekommen, vor einem Jahr ist er in Pension gegangen. Ich rechnete nach und kam darauf, daß er jetzt nicht Mitte Siebzig, sondern erst Mitte Sechzig war und folglich um die 55 gewesen sein mußte, als er Rußland verließ. Warum es ihn ausgerechnet nach Elektrėnai verschlagen hatte, konnte er mir nicht recht sagen. Wir tranken im Gedränge um den Imbißstand bereits den zweiten Schnaps, und dazu wurden uns von einer voluminösen, blondgefärbten Metzgerin auf grauem Papier dick geschnittene Stücke einer fetten Wurst gereicht, von denen ich das erste nur mit einiger Überwindung in den Mund steckte, dann aber bemerkte, daß es ganz ausgezeichnet zu dem eiskalten Schnaps paßte. Um zu verdeutlichen, was er meinte, griff Stutz sich mehrmals an das Herz. Irgendeine Leidenschaft hatte ihn hierher gebracht, aber auch sein stummer Freund konnte mir nicht sagen, ob es die Leidenschaft für eine Frau, einen Beruf, eine Gegend war. In Elektrėnai gab es jedenfalls, so wie auch in Ignalina, eine große Gemeinde von Rußlanddeutschen, die vielleicht als Fachleute der Energietechnologie da wie dort gebraucht worden waren, aber wie ein großer Ingenieur schaute mein Mihail Stutz nicht aus.

Irgendwann kamen Stutz und ich, obwohl wir von unserem stummen Freund unablässig ermuntert wurden, miteinander nicht mehr weiter, und ich zahlte, ehe ich weiterzog, meinen beiden Gefährten noch jenes vierte Glas Schnaps, um das mich Mihail dringlich gebeten hatte. Als ich mich aus sicherer Entfernung noch einmal zum Imbißstand umdrehte, sah ich, daß dieser ein abgewrackter großer Lieferwagen ohne Räder und Fahrgestell war, der irgendwann nach Litauen gefahren worden war und dort seine Bestimmung als Verkaufsstand von heißen Würsten und kaltem Schnaps gefunden hatte. Mihail Konstantinowitsch, der georgische Deutsche aus Kasachstan, schimpfte vor sich hin und lehnte an einem Wagen, der als Imbißstand diente, aus Schwaben stammte und noch immer die deutlich lesbare Aufschrift trug: »Illmanns Qualität vom Erzeuger.«

10

Die Autobahn nach Klaipėda an der Ostsee führt durch flaches Land. In diese Ebene sind nur wenige Kleinstädte verstreut, sodaß das einzige Ereignis in ihr gewissermaßen sie selber ist, die Ebene, in der nicht wenige, die sie durchquerten, schwermütig geworden sind. Wer in Litauen gewesen ist, kennt die Schwermut, die über das ganze Land gebreitet liegt, und entweder gefallen ihm mit der Schwermut auch Land und Leute oder es bleiben ihm diese fremd, gerade weil er sich jene nicht zumuten lassen möchte.

Die Streckenführung der Autobahn ist merkwürdig, denn hinter Kaunas führt sie 200 Kilometer lang an keiner Ortschaft vorbei, die mehr als 2000 Einwohner zählt. So klein das Land ist, mutet es daher weitläufig an, und auf der A1 von Vilnius nach Klaipėda hat man mitunter den Eindruck, man sei in den USA auf einer Überlandstraße ins Nirgendwo unterwegs. Die größeren Städte liegen alle eine Autostunde weiter im Osten, näher zur lettischen Grenze, oder eine Autostunde weiter im Westen, in der Nähe der Nemunas, der mächtigen Memel, die heute die Grenze zur russischen Enklave Kaliningrad bildet, ehe sie sich in einem Delta in das Kurische Haff ergießt.

Die Nemunas strömt breit dahin und hat hier über Jahrhunderte allem Leben ihren unberrschbaren Willen aufgezwungen. Jedes Frühjahr hat sie nach den harten Wintern mit ihrem Schmelzwasser die Dörfer für Wochen voneinander abgeschnitten und aus Bauerngehöften Inseln gemacht. Die Überschwemmungen brachten Zerstörung, aber sie ließen, wenn sie sich zurückgezogen hatten, die Weiden fruchtbar erblühen. Noch heute, da ein System von Deichen das Land vor Überflutung schützt, hat der Strom mit seinen unzähligen

Nebenflüssen und Wasseradern etwas Erhabenes, freilich auch neuartig Schreckliches, denn die Wasser, die er mit sich führt, sind kontaminiert und vergiften das Land, dem sie früher Fruchtbarkeit brachten. Unweit der Ufer der Nemunas erstrecken sich Wälder mit großen Mooren darin, zu früheren Zeiten waren es die Moor- und Fischerbauern, die dem Strom ihr Auskommen verdankten. Die Kolonien, die im 19. Jahrhundert auf entwässerten Mooren errichtet wurden, sind in den letzten Jahrzehnten zumeist aufgegeben worden – da und dort leben in kleinen Weilern statt 200 Leuten, wie vor hundert Jahren, noch drei oder sieben Alte, die sich weigern, ihren Tod in einem sauberen Altersheim der Kreisstadt zu erwarten, sondern seiner lieber in ihren morschen Holzhäusern harren.

Wer über das Tal der Nemunas Richtung Klaipėda strebt, hat eine lange, aber anregende Reise vor sich. Wer es durch das Landesinnere auf der A1 versucht, den erwartet eine kürzere, gleichwohl steppenlangweilige Fahrt. Am Ende, nach rund 320 Kilometern, die durch das Nichts, das leere Innere Litauens führten, sieht er unerwartet die dichtgedrängten, weißen Siedlungen einer sowjetischen Trabantenstadt auftauchen und findet sich, wenn er sie durchquert hat, in einer engen, alten Stadt mit deutschen Fachwerkhäusern wieder. Durch die Steppe ist er ans Meer und in eine Stadt gelangt, deren alter preußischer Kern aus einem strengen Muster von rechtwinkelig sich schneidenden Gassen und Straßen besteht. Dies war das alte Memel, aus dem 1923 Klaipėda wurde, eine litauische Stadt, in der hauptsächlich Deutsche, rund 10 000 Juden, dazu Russen, Polen, sogar Schweden und natürlich Litauer lebten, die über eine ausgeprägte regionale Identität verfügten, sich selber »Kleinlitauer« nannten und heute vergebens versuchen, als eigenständige nationale Minderheit anerkannt zu werden.

Trottet man auf dem Kopfsteinpflaster durch die Altstadt, um die herum sich zuerst eine moderne Hafenstadt und nach 1945 eine sowjetische Industriestadt geschlossen haben, gerät man wie von selbst zum großzügig angelegten Theaterplatz. Vor dem alten Theater steht dort ein Brunnen, der dem deutschen Barockdichter Simon Dach gewidmet ist. Der war 1605 in Memel zur Welt gekommen und hatte seine dichterische Existenz mit evangelischen Kirchenliedern, vornehmlich aber mit Auftragsgedichten für Hochzeiten, Beerdigungen, Taufen bestritten. Sein berühmtestes Lied, verfaßt zur Hochzeit des Theologen Johannes Partatius, ist der Schönheit und Anmut von dessen Braut Anke Neander gewidmet. Der gelehrte Partatius war ein Wegbereiter der litauischen Schriftsprache, und es sagt viel über die europäische Geschichte vor der Erfindung der Nationalstaaten aus, daß in dem seit jeher national gemischten Memelland der preußische Dichter Simon Dach mit dem Festgedicht für eine litauische Hochzeit beauftragt wurde. Dach hatte auch der ersten »Grammatica Lituanica«, verfaßt von dem Pastor Daniel Klein, ein lateinisches Widmungsgedicht vorangestellt, in dem er prophezeite, mit dieser Grammatik werde die litauische Sprache endlich weithin zu leuchten beginnen. Sein bald auch ins Litauische übersetztes Lied, eine staunenswert unverblümte Liebeserklärung an die Braut, ist bei den Preußen wie den Litauern der Region zu einem Volkslied geworden.

1912 wurde Simon Dach zu Ehren der Brunnen vor dem Stadttheater errichtet, mit einer bronzenen Statue jenes »Ännchen von Tharau«, das er in seinem populärsten Werk besang. Die possierliche Statue, künstlerisch belanglos, einem Dichter zweier Völker und seiner bekanntesten Figur gewidmet, ist im selben Jahr 1939 vom Theaterplatz verschwunden, in dem vom Balkon des Theaters Adolf Hitler die »Heimkehr« des

Memellandes in das Großdeutsche Reich proklamierte. Ein Gerücht besagt, sie sei von den Nationalsozialisten entfernt worden, weil sie dem Führer den Rücken zugewandt hatte. Nach dem Sieg der Roten Armee wurden dort, wo die zierliche Anke, eben das Ännchen von Tharau, gestanden hatte, im Herz der alten Stadt, ein Schützenpanzerwagen und ein düsteres Monument Stalins plaziert. Seit Mitte der achtziger Jahre des 20. Jahrhunderts aber wurde das Ännchen, das 300 Jahre vorher betagt verstorben war, unvordenklich zu einem Symbol des gesellschaftlichen Aufbruchs in Klaipėda. Ein eigener Verein bildete sich, dessen einziges erklärtes Ziel es war, das Ännchen von Tharau auf seinen Platz zurückzubringen und mit ihr erneut dem deutschen Dichter Simon Dach, diesem großen Freund der litauischen Sprache, die Reverenz auf dem historischen Platz zu erweisen.

Im Oktober 1989 war es so weit, eine Nachbildung der vermutlich eingeschmolzenen Statue wurde vor zehntausend Jubelnden auf dem Theaterplatz aufgestellt, und da steht Anke bis heute: Mit ihrem kräftigen, sittsam geflochtenen Haar, dem bescheiden gesenkten Blick, der Blume in der Hand ist sie fürwahr kein aufwühlendes Kunstwerk, sondern geschickt verfertigter kunstgewerblicher Kitsch – und doch ein Symbol, in dem sich eine Gesellschaft ihrer besten Traditionen, des übernationalen Erbes, des alltäglichen Zusammenlebens verschiedener Nationalitäten in einer Stadt und Region, in Klaipėda und im Memelland, besann.

Als wir in der fahlen Sonne dieses kalten, windigen Oktobernachmittags auf den Theaterplatz traten, lehnten tatsächlich, wie es der billige Prospekt aus dem Hotel verheißen hatte, am Brunnen die jüngsten unter den Liebespaaren der Stadt, Schülerinnen und Schüler, die gleichmütig von der schönen Anke betrachtet wurden, zu deren Lobpreis der

Dichter in preußischem Plattdeutsch geschrieben hatte: »Anke van Tharow, mihn Rihkdom, mihn Goet,/Du mihne Seele, mihn Fleesch on mihn Bloet.«

II

Wir fanden das Simon-Dach-Haus unweit der Altstadt in der stillen Juros-Gasse. Das schöne, einstöckige Haus mit dem Türmchen war mit Geldern der deutschen Bundesregierung renoviert worden, damit der »Verein der Deutschen in Klaipėda« einen repräsentativen Sitz habe. Immerhin war es unter all den verfeindeten deutschen Organisationen, Gruppen und Grüppchen des Landes dieser Verein, der die meisten Mitglieder zählte, das interessanteste kulturelle Programm aufwies und das größte politische Gewicht hatte. Hier hatten die *Deutschen Nachrichten* ihre Redaktionsräume und die »Edelweiß-Wolfskinder« eine Filiale, hier gab es Tagungszimmer, eine Bibliothek, einen gutausgestatteten Raum, in dem Jugendliche im Umgang mit Computern unterrichtet wurden, und einen Festsaal, in dem Tanz- oder Gesangsabende abgehalten werden konnten.

Marta Einars, die uns erwartete, war eine hübsche, geistesgegenwärtige Frau von 25 Jahren und hatte die Aktivitäten der verschiedenen Organisationen, die unter dem Simon-Dach-Haus vereint waren, zu koordinieren. Ihr Vater, erzählte sie, war ein Wolfskind aus Ostpreußen, ihre Oma mütterlicherseits eine Russin. Zu Hause spreche sie Litauisch mit ihrem Mann, Deutsch mit ihrer kleinen Tochter und Russisch mit der Oma. Sie war gerade dabei, ihr Studium der Germanistik an der Universität Klaipėda zu beenden und hielt bereits selber Deutschkurse für die rund 600 Mitglieder des »Vereins der Deutschen«, von denen die allermeisten kaum Deutsch konnten, sich aber willig zeigten, es jetzt, als Erwachsene, zu erlernen. Fast sei es in den letzten Jahren ein wenig Mode geworden, sich zu den Deutschen von Klaipėda zu rechnen. Seit zehn Jahren gab es auch ein deutsches Internatsgymnasium in der Stadt, die Hermann-Sudermann-Schule, benannt nach dem Autor, der unweit von Memel, in dem Städtchen Heydekrug, geboren wurde. Um in die Sudermann-Schule aufgenommen zu werden, war es anfänglich notwendig gewesen, wenigstens einen Vorfahren unter den Großeltern namhaft machen zu können, der deutscher Nationalität war. Da die Schule einen hervorragenden Ruf hatte, traten manche Eltern dem »Verein der Deutschen« bei und besuchten brav dessen Veranstaltungen, bis ihre Kinder in das Gymnasium aufgenommen wurden.

Fünfzig Jahre hatten die Deutschen verheimlichen müssen, Deutsche zu sein, und jetzt erfanden sich manche einen deutschen Großvater, damit der Sohn eine deutsche Schule besuchen durfte. Wer hätte gedacht, daß es je so kommen würde, fragte Marta lachend.

Das Memelland war seit 1525, als der Ritterstaat des Deutschen Ordens aufgelöst wurde, bis 1919 immer Teil Preußens gewesen. Man braucht die Geschichte nicht zur Völkeridylle zu verklären, aber bis zur Gründung des Deutschen Reiches im Jahr 1871 lebten in diesem östlichen Winkel Preußens Litauer und Deutsche ohne nationale Spannungen zusammen, hatte sich zudem jenes »schwebende Volkstum« der »preußischen Litauer« ausgebildet, das der Region historisch entsprach. Erst ab 1871 suchte die ferne Regierung in Berlin der östlichen Provinz einen Schub der Germanisierung von oben zu verpassen, was sogleich einen Schub der Lituanisierung von unten bewirkte. 1919 wurde das Memelland durch den

Zeitungsverkäufer in Klaipėda

Vertrag von Versailles für kurze Frist zum Mandat des Völkerbunds, ehe 1923 Freischärler die Region besetzten und sie der litauischen Republik angliederten.

Den Minderheiten, außer den Deutschen namentlich der großen Gruppe von Juden, wurden erhebliche Rechte zugebilligt, was nichts daran änderte, daß die meisten politischen Organisationen der deutschen Volksgruppe öffentlich wie geheim auf den Anschluß des Memellandes an das Dritte Reich hin arbeiteten. Als dieser Anschluß im März 1939 vollzogen wurde, waren die meisten Juden bereits auf der Flucht. Wo sie zu spät geflüchtet waren, dort kam es, wie in Jurbarkas oder Kretinga, zu Massakern – spontan rotteten sich in den kleinen Gemeinden litauische Christenmenschen zusammen zum Zwecke, ihre jüdischen Nachbarn zu erschlagen, noch ehe die deutschen Sondereinheiten aus dem Reich ihre Arbeit der Vernichtung überhaupt hätten beginnen können. Dieser Fleiß in der Verfolgung von Juden wurde den Litauern nicht entgolten, denn noch im selben Jahr wurde der Gebrauch der litauischen Sprache im ganzen Memelland und sogar für den kirchlichen Gebrauch untersagt, ein Verbot, gegen das zu verstoßen mit der Deportation ins Konzentrationslager bestraft wurde.

1944 war die Rote Armee ins Memelland vorgestoßen, Abertausende Memelländer wurden per Schiff oder Bahn evakuiert, ebensoviele flohen auf eigenen Wegen westwärts, andere zogen sich hingegen in die Wälder und die unzugänglichen Dörfer im Moorgebiet zurück, um abzuwarten, welche neue Ordnung über ihr Land verfügt werde. Das Memelland lag verödet, und die sowjetischen Behörden ermunterten die Geflohenen, auf die sie in den Flüchtlingslagern Thüringens oder Sachsens trafen, in ihr Land, das künftig als Teil der litauischen Sowjetrepublik der großen UdSSR angehören werde, zurückzukehren. Wohl an die 30 000 folgten dem Rat, doch als sie zu Hause auf ihren Höfen und Gütern eintrafen, kamen sie gerade rechtzeitig, um bei der Zwangskollektivierung der litauischen Landwirtschaft zugegen zu sein. Die nach Klaipėda zurückkehrten, fanden in ihrer Heimatstadt eine Grenze vor, die den Ort aus seiner natürlichen geografischen Lage heraussprengte, denn die Stadt wurde vom Hafen, der militärisches Sperrgebiet war, und vom Meer mit einem riesigen Zaun abgeschnitten.

Kam hinzu, daß die Memelländer, von der Sowjetmacht zur Rückkehr aufgefordert, sich in ihrer alten Heimat, deren soziale und wirtschaftliche Struktur rasch zerstört wurde, auch nicht mehr als das bezeichnen durften, was sie waren. Die obligatorische Eintragung der Nationalität im Paß lautete folglich für Deutsche, auch wenn sie kaum ein Wort Litauisch zu sprechen wußten, »Litauer« – oder es wurde daraus jene vielbelachte »Strich-Nationalität«, weil sich an der Stelle, wo bei anderen Sowjetbürgern die Nationalität eingetragen wurde, im Paß ein Strich befand: für störrische Angehörige einer aus der Liste der erlaubten Nationalitäten gestrichenen Gruppe.

Wer es in Klaipėda, in das Tausende russische Zuwanderer strömten, zu etwas bringen mochte, der durfte nicht im Verdacht stehen, ein störrischer Deutscher, ein unbelehrbarer Memelländer zu sein. So kam es, daß viele den Kindern ihren deutschen Dialekt nicht mehr lehrten, schien diese Sprache doch nichts zu verheißen als Benachteiligung und Unglück. Daran änderte sich bis in die achtziger Jahre nichts. Marta lachte:

»Und jetzt, da es wirklich nicht mehr viele Deutsche hier gibt, wollen auf einmal alle von deutschen Großeltern abstammen.«

12

Und dann kam Lehmann. Marta hatte uns mit allen möglichen Materialien ausgestattet, vom wöchentlichen Filmabend
berichtet, über den Auftritt einer deutschen Frauenjazzband
aus Offenbach erzählt und schien es, so freundlich und hilfsbereit sie war, auf einmal merkwürdig eilig zu haben. Wir waren gerade dabei, die Treppen hinunterzugehen, als von unten
in kehligem Sächsisch aufgebrachtes Geschimpfe zu vernehmen war. Um die Ecke bog ein fettleibiger Mann von vielleicht siebzig Jahren, mit einem kolossal aufgedunsenen Gesicht, gefolgt von einem schüchternen, schlaksigen Bürschchen, den er uns als seinen Neffen vorstellte. Lehmann! Er erklärte, was der Grund seines Ärgers war, daß nämlich unweit
dem Simon-Dach-Haus Mafiagesindel herumstehe und seinen deutschen Wagen unverhohlen in Augenschein nehme.
Lehmann fragte, indem er uns ächzend mit seiner Leibesfülle
in den Besprechungsraum zurückdrängte, was uns nach Litauen führe, und als wir ihm von unseren Reisen zu den kleinen Volksgruppen Europas erzählt hatten, bekräftigte er sogleich, daß er ein bedingungsloser Verfechter des Volkstums
in ganz Europa sei.

Aber was hatte Lehmann nach Klaipėda geführt? Der Pen-
sionist berichtete von seiner großen Vortragstour durch das
Baltikum, wo er überall deutsche Kulturvereine besuche.
Eben, am Vormittag, habe er einen Vortrag an der Hermann-
Sudermann-Schule gehalten, und abends werde er sich hier
im Simon-Dach-Haus vor erwachsener Runde noch einmal
über das Thema auslassen, mit dem er schon unter den Gymnasiasten auf so viel Interesse gestoßen war. Worüber er gesprochen habe?

»Nun, der Titel des Vortrags lautet: ›Die Grundlagen des

Aufstiegs von Adolf Hitler zum Führer‹, und vom Inhalt her geht es um nichts anderes als 300 Jahre geheimer Geschichte Europas.

– Und das hat die Schüler interessiert?

– Und wie, denn über dieses Thema sind sie bisher nur immer falsch informiert worden! Nirgendwo ist doch das Unwissen so groß wie bei der objektiven historischen Klärung dieses Sachverhalts.

– Ja, wie verhält es sich denn objektiv mit diesen Grundlagen?

– Ich kann Ihnen das nur im großen Bogen zusammenfassen. Mein Vortrag beginnt bei den Freimaurern des 18. Jahrhunderts, geht dann zur Jesuitenschule, in der Stalin ausgebildet wurde, und endet beim Berater des amerikanischen Präsidenten Carter, einem Polen namens Breszinski, der nebenbei der klügste strategische Kopf war, den die Amerikaner je hatten.

– Aber wie soll denn Breszinski etwas mit dem Aufstieg Hitlers zu tun haben?

– Sie dürfen das nicht zu eng sehen, es geht um die großen Zusammenhänge. Ich werde Ihnen was sagen, aufgepaßt! Der Breszinski hat eines Tages, das läßt sich alles in Protokollen nachlesen, bitteschön, zu Carter gesagt: ›Die Russen werden uns zu teuer! Wir müssen unser Projekt abbrechen!‹ Die bolschewistische Revolution war nämlich weder russisch, wie alle glauben, noch jüdisch, wie einige Wirrköpfe behaupten …

– Sondern?

– Ein englisches Freimaurer-Unternehmen! Und als ihnen das Geld ausging, haben die englischen Logen ihr Projekt den amerikanischen übertragen.«

Nun verstand ich zwar mehr von den Grundlagen des Aufstiegs des Führers, aber ich fragte mich, was dieser seltsame Gelehrte an Kulturinstituten trieb, die mit erheblichen Mitteln des deutschen Innenministeriums dotiert sind. Lehmann kam aus Schwerin, wo er einen »Internationalen Verein zur Verbreitung der Geschichte Mitteleuropas« gegründet hatte, der im Internet tatsächlich ziemlich vieles über die Geschichte Mitteleuropas verbreitete. Er war keineswegs ungebildet, im Gegenteil, er verfügte über stupende Kenntnisse von Details der mittel- und osteuropäischen Kulturgeschichte, aber wie zwanghaft er all die verschiedenartigen Ereignisse zueinander in Beziehung setzte, in der Überzeugung, daß nichts zufällig oder unabhängig voneinander geschah, sondern einem großen Plan folgte, das zeigte den borniertem Kerl in ihm. Sein Adlatus gereichte ihm wenigstens im geistigen Gefecht nicht zur Unterstützung, denn er wiederholte, was Lehmann mit professoraler Gebärde dargetan hatte, im Tonfall des Schülers, der etwas auswendig gelernt hat, und auf diese Weise geriet ihm seine beflissene Wiederholung der Lehmannschen Thesen unbeabsichtigt zu deren Parodie.

Marta litt. Lehmann explizierte. Der Neffe lauschte. Wir gingen, Marta lief uns nach und beteuerte, sie könne nichts dagegen machen, daß auch solche Leute in ihrem Hause auftauchten. Wir glaubten ihr. Sie war nicht die Direktorin der Hermann-Sudermann-Schule, die ihre Schüler in die Aula führte, damit sie von einem Hobbygelehrten in die letzten Geheimnisse der europäischen Geschichte eingeführt werden. Sie war auch nicht die Direktorin der Simon-Dach-Hauses, in dem Lehmann abends seinen Vortrag für Erwachsene wiederholen würde; wie er ihn in Riga, Tallinn, Turku, in Kaunas, Marijampole, Vilnius wiederholen würde. Sie hatte Lehmann auch gar nicht eingeladen. Der reiste vielmehr auf Kosten einer bundesdeutschen Kulturstiftung durch das Land.

Wir traten vor das Haus und verabschiedeten uns von Marta, die Ausstellungen junger Fotografen und Seminare über »Interkulturelles Radio« organisierte und unter der Vorstellung litt, wir würden ihre Arbeit und das Simon-Dach-Haus künftig womöglich mit Lehmann identifizieren. Die Gasse war menschenleer, und weil auch auf die Mafia kein Verlaß mehr ist, war Lehmanns Auto weder gestohlen noch beschädigt worden.

13

Ihr Zeigefinger war gut vierzig Zentimeter lang und die große Zeh, die aus Sandalen ragte, so breit wie ein Kinderarm. Wir waren gegen zehn Uhr vormittag nach Priekulė gekommen, in ein Städtchen etwa zwanzig Kilometer südlich von Klaipėda, das zu Zeiten, als dieses noch Memel hieß, den Namen Proküls trug. Die langgezogene Hauptstraße, mit Häusern, die einst stattlich gewesen sein mußten und jetzt schäbig witterten, mündete in einen kleinen, mit kahlen Bäumen bestückten Platz, der von Ieva Simonaitytė beherrscht wurde. Sie saß auf einem Sockel, hatte, damit sie als Dichterin erkennbar war, eine Feder in der riesigen Hand, und war, damit sie als Dichterin des Volkes erschien, in ein wallendes, in steinernen Falten fallendes Bäuerinnenkleid gesteckt, aus dem sie dem Betrachter ihre nackten Zehen etwa in Augenhöhe entgegenreckte. Was mochte das für eine Schriftstellerin gewesen sein, die auf einem derart gewaltigen, geradezu unerbittlichen Monument für die Nachwelt erstarrt war?

An den Platz des Denkmals schlossen sich zwei große Rasenstücke an, auf denen wiederum jeweils ein Denkmal in der kalten Vormittagssonne blinkte. Das erste erinnerte an ein

Jubiläum, das es eigentlich gar nicht gegeben haben konnte, weil es nämlich der 450 Jahre gedachte, die seit der Gründung einer Stadt namens Priekulė vergangen waren. Damals jedoch, als das litauische Priekulė angeblich gegründet wurde, entstand Proküls als eine Ansiedelung, wie sie typisch für jene preußisch-litauische Bevölkerung war, deren nationale Identität zwischen dem Deutschen und dem Litauischen stand – oder besser floß. Denn ein schönes Kennzeichen dieser Nationalität zwischen den Nationen war es ja, daß sie nichts Festgefügtes, Stehendes kannte, sondern sich fließend, veränderlich zwischen den starren Identitäten hier wie dort entfaltete. Das zweite Rasenstück war exakt in der Größe der protestantischen Kirche gehalten, die hier während der sowjetischen Ära abgerissen worden war. An die Kirche gemahnte ein gebetstischartiger Sockel, auf dem eine steinerne Lutherbibel aufgeblättert lag und der die Inschrift trug: »An dieser Stelle stand die evangelisch-lutherische Kirche, in der das Wort Gottes in preussisch-litauischer und in deutscher Sprache verkündet wurde.« Mit preussisch-litauisch war eben jene Sprache gemeint, für die es keine verbindliche Kodifizierung gab und die vom Litauischen im späteren Sinne erheblich abwich.

Deutsche lebten jetzt in Priekulė kaum mehr welche, das einzige Zeugnis, das im Stadtbild noch an sie erinnerte, war ein großes, baufälliges Haus an der Hauptstraße, vor dem ein paar Gestrandete in der Runde standen und Bier tranken und stritten. Hoch über ihren vernebelten Köpfen konnte ich unter dem First des Daches noch die Aufschrift entziffern: HOTEL ...LER. Aber auch von jener preußisch-litauischen Nationalität zwischen den Nationen hat sich nicht mehr viel erhalten in Priekulė. Ieva Simonaitytė, Verfasserin düsterer Epen, in denen schicksalhaft vom Untergang altpreußischer Adelsgeschlechter erzählt wird, und sozialkritischer Zeitromane, die von Gewalt und Grausamkeit auf dem litauischen Land berichten, hat diesen Prozeß des Verschwindens beschrieben – und ihn begrüßt. In ihren Romanen »Das Schicksal der Hochland-Simonis« oder »Frau Pikciurna« ist sie weit über ihre eigene politische Überzeugung hinausgelangt, dorthin, wo die Kunst die ideologischen Fesseln, die sich Künstler mitunter anlegen, zu sprengen vermag. Als Künstlerin von Rang und hoher Reputation hat sie sich allerdings nicht mit Romanen begnügt, in denen die Wirklichkeit über die Ideologie obsiegt, sondern zugleich volksbildnerisch das Ihre zum Aufbau eines litauischen Staates zu leisten versucht.

Jenes schwebende Volkstum schien ihr eine Gefahr für die kleine, in der Geschichte so oft existentiell bedrohte litauische Nation, ein Hindernis zur Ausbildung eines starken litauischen Nationalstaats zu sein. Ieva Simonaitytė ist eine Ikone des litauischen Nationalismus geworden, von ihr stammt auch der prekäre Satz, der auf dem gleichermaßen riesigen wie unansehnlichen »Triumphbogen« prangt, welcher vor kurzem in Klaipėda aufgestellt wurde und der der 1923 gewaltsam vollzogenen Vereinigung des Memellandes mit Litauen huldigt: »Wir sind ein Volk – eine Sprache – ein Litauen.«

Man mag sogleich an die ähnlich klingende Parole »Ein Volk – ein Reich – ein Führer« denken, aber diese vorschnelle Assoziation schießt übers Ziel. Ieva Simonaitytė war keine Verfechterin einer autoritären Zwangsordnung, vielmehr eine der vielen unglücklichen ost- und mitteleuropäischen Intellektuellen, die über der Kleinheit ihrer Nation verzweifelten und verzweifelt auf der Suche danach waren, wie sich diese Nation mehren und festigen, wie sie ihren gesicherten und geachteten Platz im Gefüge der großen Staaten erhalten könne.

Deswegen mußte sie eben das fürchten, was anderen den Reiz des Memellandes ausmachte, nämlich die nationale Vielschichtigkeit, und deswegen schien ihr gefährlich, was mir gerade anziehend erscheint: die Vorstellung, es könne Gruppen von Menschen geben, die sich der nationalen Identifizierung entziehen und die zur nationalen Inbesitznahme nicht taugen.

Der Triumphbogen, ein symbolisch überfrachtetes Werk aus massivem chinesischen Marmor, wurde 2003 in Klaipėda errichtet: Das war genau achtzig Jahre, nachdem ein paar Dutzend verwegener Freischärler das Memelland in einem Handstreich der Republik Litauen angegliedert hatten – und gerade ein Jahr, bevor Litauen der Europäischen Union beigetreten sein würde.

Es ist, als ob sich das kleine Litauen in die Europäische Union erst aufzumachen wagte, nachdem es sich seiner nationalen Einheit historisch versichert hatte – mittels einer Verfälschung der Vergangenheit, die, auch ohne daß sie verfälscht hätte werden müssen, ohnedies keine Gefahr für die Gegenwart mehr darstellte. Keinen Memelländer habe ich getroffen, der auch nur einen Gedanken auf eine so wahnwitzige Vorstellung wie die Autonomie des Memellandes verschwendet, keinen einzigen litauischen Deutschen, der dem unwiederbringlich zerstörten Ostpreußen politisch nachgetrauert hätte.

In einer kleinen Straße, die vom Hauptplatz abzweigte und in die Felder führte, entdeckten wir in Priekulė ein schönes altes Holzhaus, das in einem verwunschenen Garten stand. Hier hatte die Erzählerin Ieva Simonaitytė einst sommers gearbeitet, jetzt war ein kleines Museum darin untergebracht. Unter Ausstellungsstücken wie ihrer Schreibmaschine und den Erstausgaben ihrer Bücher waren auch etliche Fotografien. Auf ihnen war keine Volksdichterin abgebildet, zu der sie das überlebensgroße Denkmal stilisierte, und auch keine Ideologin, als die sie sich der nationalistische Triumphbogen

Klaipėda, Treffpunkt der Liebenden

von Klaipėda zunutze machte, sondern eine urbane, selbstbewußte Frau, meist mit verwegenen Kopfbedeckungen, stets in Begleitung von sie offenkundig verehrenden Männern; eine Intellektuelle, die zuweilen herausfordernd, dann wieder melancholisch in die Kamera blickte, eine Zweiflerin, die entschlossen war, das Unbezweifelbare zu finden, und deren Augen verrieten, daß sie um die Vergeblichkeit wußte.

14

Die Stimme von Dariusz Barasa war so leise, daß sie den kleinen Raum kaum füllte. In sich gekehrt, berichtete der zierliche Mann mit seinem feingeschnittenen Gesicht und kahlen Haupt den zwanzig Besuchern, was seine Ausstellung bezweckte und wie er methodisch vorgegangen war, sie zu erarbeiten. Wir waren am Vorabend in Šilutė eingetroffen, als die Stadt im dichten, vom Delta der Nemunas ziehenden Nebel fast verborgen lag. Das Licht des Scheinwerfers, der auf die große lutherische Kirche gerichtet war, wurde von den feuchten, geradezu perlenden Schwaden verschluckt, sodaß die mächtige Fassade nur als schwarze Wand zu erahnen war. In der 1926 erbauten Kirche befand sich ein kurioses Fresko, auf dem ein Meister der Region die Großen der Welt gebannt hatte: Dante, Bach, Melanchthon, Luther standen da einträchtig über dem Altar beisammen, und unter sie hatte der Künstler den philantropischen Gutsbesitzer Dr. Hugo Scheu gesetzt, einen so reichen wie gebildeten Mann, der vor hundert Jahren, als Šilutė noch Heydekrug hieß, hier gelebt und gewirkt hatte.

Der Deutsche Scheu war ein Bewunderer und Förderer der litauischen Volkskunst gewesen, er hatte die Märchen aufgeschrieben, die die Alten den Kindern erzählten, aber auch Werkzeug, Möbel und Trachten gesammelt. Sein Gutshaus stand am Ortsausgang, dort, wo die Straße von Šilutė nach Rusné führt, in ein Fischerdorf, das im Delta der Nemunas auf einer Insel errichtet wurde, deren Äcker und Felder jedes Frühjahr überflutet werden. Jetzt saßen wir im Salon des Gutshauses und hörten Dariusz Barasa zu, der erklärte, wie es zur eben eröffneten Ausstellung gekommen war.

Die Ausstellung dokumentierte das Leben, Überleben in den heute nahezu verwaisten Weilern und Dörfern, die in der Nähe des Deltas lagen, und war inbesondere drei alten Frauen gewidmet, die in ihrem Festtagsgewand in der ersten Reihe des Saales saßen. So leise der Referent sprach, der tapfer jeden Satz seiner Schüchternheit abzutrotzen hatte, so laut und quicklebendig waren sie. Mit Zwischenrufen, Korrekturen, Fragen unterbrachen sie den Vortrag, sie stubsten einander an, wenn ihr Name fiel, und gingen die große Stunde, in der ihr Leben öffentlich gewürdigt, zum Gegenstand der historischen Forschung wurde, keineswegs eingeschüchtert an.

An der einen Wand waren Schautafeln angebracht, auf denen das ökologische System der Moorkolonien erklärt wurde, und an den anderen Wänden hingen Fotografien und Dokumente, die mit dem Leben der drei Frauen zu tun hatten, die in entlegenen kleinen Gemeinden aufgewachsen waren und sich doch den Konflikten der großen Welt nicht zu entziehen wußten. Marie Gerulis Eichholz – im litauischen Paß hieß sie Merijos Gerulytès Eichholzniènes – war 83. Sie hatte kaum mehr einen Zahn, aber ein schalkhaftes Blitzen in den wassergrünen Augen. Auf der weißen Bluse trug sie eine voluminöse Brosche, die sie stolz präsentierte, handelte es sich doch, wie sie später beim Kaffee jeden wissen ließ, um das einzige Schmuckstück, das sie je ihr Eigen hatte nennen dürfen. Sie stammte aus einer Familie mit zwölf Kindern und war in Wabbeln aufgewachsen, einer Ansiedelung in der Moorkolonie Augstumal, die die Wanderkarten mittlerweile unter dem Namen Vabalai verzeichneten, aber nicht mehr lange. Denn lebten 1930 dort noch 68 Einwohner, war es jetzt nur mehr eine Handvoll alter Leute, mit denen Wabbeln eines nahen Tages selber untergehen wird. Marie Geruilis Eichholz sprach ein dunkel gefärbtes, memelländisches Deutsch, fiel aber, wenn sie mit den zwei anderen Frauen in aufgeregten Disput geriet, stets ins Litauische, das ihr ebenso schnell über die Zunge kam. Merkwürdig genug, wechselten die drei immer dann ins Litauische, wenn sie über das Unrecht klagten, das ihnen von der Obrigkeit zugefügt wurde, während sie bei ihrem deutschen Dialekt blieben, so lange sie von ihren Familien, der Kindheit, vom Alltag ihres 20. Jahrhunderts erzählten.

Herta Kahlweis, litauisch Kalves, die jüngste der drei, war eine große Frau mit riesigen, grobgescheuerten Händen, eine im Auftreten ungeschlacht, im Sprechen vertrauensselig wirkende Person. War es das große Thema von Marie Geruilis Eichholz, daß viele ihrer Verwandten nach dem Krieg aus der Heimat geflohen waren und sie alleine zurückgelassen hatten, kam Herta Kalves immer wieder auf das harte Los zurück, das ihr in der Kolchose beschieden war, in die sie als Mädchen gesteckt wurde. Wer in den Kolchos gepreßt wurde, hatte schwerste Arbeit zu leisten, ohne jene Ansprüche erheben zu können, die ein Mitglied der Arbeiterklasse zu stellen das Recht hatte. Darum versuchten viele Kinder der enteigneten Bauern in die Stadt, in die Industriereviere zu gelangen, um dort zu arbeiten und als verdiente Mitglieder einer Arbeitsbrigade nach ein paar Jahren auf eine Fachschule, mitunter sogar eine Fachuniversität geschickt zu werden.

Wer im Kolchos gearbeitet hat, dem merkt man es an, hatte mich Judith Lewonig gewarnt, eine österreichische Journalistin, die sich Litauen zu ihrem Lebensland erkoren hatte und die Redaktion der *Baltischen Rundschau* leitete, einer gut gemachten Zeitung, die sich sowohl an die Baltendeutschen als auch an ökonomisch oder kulturell am Baltikum interessierte Leser im deutschen Sprachraum wandte. Wer im Kolchos gearbeitet hat, dem hafte als Erbschaft etwas Rauhes, Grobschlächtiges an, und wie sie mir in der winzigen Redaktionsstube in Vilnius von den Landarbeiterinnen erzählte, schien sie genau diese 65jährige vor Augen gehabt zu haben, der ich jetzt gegenübersaß.

Herta Kalves hatte ein wettergegerbtes Gesicht und trug eine dunkelblaue Bluse, darüber einen roten Pullover und über diesem noch eine braune Strickjacke; nein, diese Frau wollte in ihrem Leben nie mehr frieren, egal, wie sie in ihrer seltsamen Gewandung auch aussehen mochte. So vierschrötig sie wirkte, machte sie mit ihren riesigen Händen oft eine geradezu grazile, Abwehr wie Resignation bedeutende Geste, als wollte sie sagen: Vorbei, vorbei, nicht mehr der Rede wert! Und dann lachte sie mit einer hellen Stimme, die gar nicht zu ihrem groben, abgearbeiteten Körper zu passen schien.

Etwas aufdringlich und gönnerhaft fragte irgendwer die Frauen, die für die Zeitung fotografiert wurden und riesige Blumensträuße erhalten hatten, ob dies der schönste Tag in ihrem Leben sei. Der schönste Tag! Wild durcheinander schnatternd, begannen die drei sich gegenseitig um Rat zu fragen. Der schönste Tag, sagte gewitzt die 83jährige, war erst letztes Jahr, da sei ein junger Franzose mit dem Fahrrad durch das Dorf gekommen. Ob sie sich mit ihm verständigen konnte? Nein, lachte Marie Geruilis Eichholz, aber immerhin habe endlich wieder ein Mann in ihrem Bett geschlafen – und sie, mein Gott, was würden wir denken? sie natürlich auf der Küchenbank. Herta Kalves hingegen überlegte die Sache hin und her, machte dann mit ihren Pranken jene grazile Bewegung, mit der sie kundtat, daß sie keinen schönsten Tag im Leben gehabt habe. Und darauf lachte sie ihr helles Lachen, als würde sie sich ein wenig dafür schämen, es zu keinem besseren als einem solchen Leben ohne schönsten Tag gebracht zu haben.

Ruth Bendig wußte immerhin genau, welcher der unglücklichste Tag in ihrem Leben gewesen war. Sie war über Siebzig, im Unterschied zu ihren Freundinnen geradezu elegant gekleidet, eine selbstbewußte Frau mit gewandtem, städtischem Auftreten. Ihr Leben? Zwei Männer, drei Kinder, vier Enkel. Wo die alle waren? Keiner von ihnen war beim großen Auftritt der Clanmutter in Šilutė zugegen, aber es konnte ja auch keiner von ihnen mehr Deutsch, das Ruth Bendig – »Sie müssen das aussprechen wie Bändisch!« – auf geradezu gewählte Weise sprach. Ihr Sohn verstand sie zwar noch, wenn sie sich mit ihm in ihrer Muttersprache unterhielt, konnte die Unterhaltung seinerseits aber nur mehr auf litauisch bestreiten, und mit den Enkeln mußte sie ohnedies Litauisch sprechen. Ach, das Deutsche galt allzu lange für gar nichts, sagte sie entschuldigend, viele Kinder hatten sich nach dem Krieg dafür geschämt, daß ihre Eltern eine andere Sprache hatten als die Eltern ihrer Freunde und deren Sprache wiederum oft nur mangelhaft beherrschten.

Sie selbst wurde im Oktober 1944 mit den deutschen Bewohnern von Saugen, einer Kleinstadt zwischen Proküls und Heydekrug, von der Wehrmacht nach Labiau in Ostpreußen evakuiert, dann ging es weiter nach Hannover, Plauen, Grodno. Nach zermürbenden Monaten besuchte ein sowjetischer Offizier das Flüchtlingslager, erzählte von der armen

Auf dem Land

Heimat, die von ihren Bewohnern im Stich gelassen worden war, von den Dörfern, die verfielen, den Äckern, die unbewirtschaftet blieben, und fragte, was denn für sie die schönere Aussicht wäre, in der Fremde in einem Flüchtlingslager zu warten oder nach Hause zurückzukehren, wo das Land nur darauf wartete, endlich wieder gepflegt und genutzt zu werden? Damals hatte sie sich, als Zwanzigjährige mit einem kleinen Kind am Arm, nach einer schlaflos vergrübelten Nacht entschieden, ins Memelland zurückzukehren. Es war ein schöner Frühlingstag des Jahres 1948, an dem sie in der Heimat eintraf und sich mit ihrem Mann in einem halb verlassenen Ort niederließ. Ihr Mann hatte bei einer Explosion in den letzten Kriegstagen beide Beine verloren und starb ein paar in tiefer Verzweiflung hingebrachte Jahre später. Der Tod kam für ihn als Erlösung aus schmerzhaftem Siechtum, den Tag, an dem er starb, hatte Ruth Bendig nicht gemeint, als sie vom unglücklichsten Tag ihres Lebens sprach.

»Der war, als ich heimkehrte. Wir hatten die Grenze kaum überschritten, schon wußte ich, daß ich den Fehler meines Lebens gemacht hatte.

– Warum?

– Weil ich sah, daß das nicht mehr mein Land war. Es waren die Deutschen weg, und es waren die Litauer, die wir kannten, weg. Wir waren ziemlich alleine.

– Aber Sie haben hier, nach dem Tod Ihres ersten Mannes, noch einmal geheiratet, Kinder und Enkel bekommen.

– Das alles hätte ich auch woanders haben können. Überall sogar. Daß man einen Mann kriegt, Kinder bekommt, Großmutter wird, ist noch kein Glück. Und dafür ist es auch nicht notwendig, daß man ausgerechnet im traurigsten Land der Welt lebt. Nein, es war der Fehler meines Lebens, zurückzukehren.«

Wir saßen im Foyer des Gutshauses, tranken Kaffee, aßen einen kratzend trockenen Kuchen und hörten drei alten Frauen zu, die heiter davon erzählten, wie bitter ihr Leben gewesen war. Ich dachte an all die traurigen, wütenden, verbitterten, warmherzigen Leute, denen ich in den letzten Wochen begegnet war und zugehört hatte, in Vilnius, Elektrėnai, in Kaunas, Ignalina, Klaipėda, Jurbarkas, Taurage oder in Priekulė und Šilutė; ich dachte an die Dörfer, in denen wir halt gemacht hatten, an Usenai, das einst Mädewald geheißen hatte und in dem zwischen die Häuserzeilen eines armen Bauerndorfes der riesige, verödete Aufmarschplatz einer Kolchose geschlagen worden war, auf dem ich, schaudernd vor so viel Häßlichkeit, die Sehnsucht verspürte, diesen Ort, dieses Land, gleich wohin, augenblicklich zu verlassen und nie mehr zurückzukehren; oder an Aglonehnen, das jetzt Aglonenai hieß, ein Dorf, dem seine Bevölkerung abhanden gekommen schien und auf dessen kleinem, vergessenen Friedhof ich durch das raschelnde Herbstlaub zu einem Grabstein gegangen war, auf dem zu lesen stand: »Hier ruht in Gott der Lehrer Grinse.«

Der Tag der Heimfahrt war nahe, und ich wußte noch immer nicht, was ich sagen würde, wenn mich zu Hause jemand fragte, ob Litauen ein schönes Land sei und es mir dort gefallen habe. In der Runde war es still geworden, ich sah, daß mich die drei Frauen erwartungsvoll anschauten. »Nun, fragen Sie nur«, sagte Ruth Bendig aufmunternd, aber ich bemerkte erschrocken, daß ich mit einem Mal nichts mehr zu fragen wußte und gar nicht mehr wissen wollte.

Von Hopgarten nach Smolník –
Unterwegs in der Zips

I

I M HAUS DER Familie Kozák herrschte ausgelassene Stimmung. Am Vortag war die Nachbarin gestorben, in ihrem Bett, das sie schon ein paar Jahre nicht mehr hatte verlassen können und aus dem sie oft den Herrgott anrief, er möge sie doch in Hopgarten Nr. 77, Gemeinde Chmel'nica, Bezirk Stára Ľubovňa, nicht vergessen, sondern zu den Ihren heimholen. Gestern, am 19. Februar 2002, hatte er sich seiner Tochter, deren Kinder ihr allesamt schon in die Ewigkeit vorausgegangen waren, endlich besonnen und sie im 99. Lebensjahr zu sich genommen. Die Familie Kozák hatte sich jahrelang um die Hinfällige gekümmert, und ihre gute Laune hatte nichts damit zu tun, daß sie jetzt von dieser Pflicht der Nächstenliebe entbunden war. Aber immerhin wohnte im eigenen Haus, in der Kammer unter dem Dach, die Mutter des Familienoberhauptes, und wie diese nun ohne Hilfe die steile Treppe herunterkam, trat sie uns im Stolz der Greisin entgegen, die mit ihren 92 Jahren seit gestern die älteste Bürgerin der Gemeinde war und es, putzmunter, wie sie gleich zu schnattern begann, auch ein paar Jahre noch zu bleiben gedachte.

Wir hatten uns angemeldet und wurden erwartet. Hopgarten, einer der entlegensten Orte der Zips, war ein paar Jahrhunderte vergessen gewesen und vor ein paar Jahren von den Sprachwissenschaftlern entdeckt worden. Hier wurde immer noch ein mir nahezu unverständliches Deutsch gesprochen, die Hopgartner Mundart, die für Linguisten interessant ist, weil sich in ihr sächsische, schlesische, schwäbische und bayrische Merkmale des Mittelhochdeutschen erhalten und auf einzigartige Weise vermengt haben. Die Hopgartner wußten, daß sie interessant waren, und sie wußten, wie man Besucher, die sich den weiten Weg zu ihnen gemacht hatten, empfing.

Wir waren gerade erst ins Haus getreten, hatten die Familienmitglieder der Reihe nach begrüßt, der ältesten Bürgerin zu ihrer neuen Würde gratuliert, schon formierte sich im überheizten Wohnzimmer vor uns ein kleiner, dicht gedrängter Chor, der sogleich zu singen anhob. Mit hellen, kräftigen Stimmen sangen die Frauen, die, von wer weiß wem gerufen, aus dem Dorf herbeigeeilt waren, alle in dunkler Tracht mit grünen, roten oder schwarzen Kopftüchern, und mit seinem weichen Bariton fiel der Hausherr Stefan Kozák, Leiter des Kirchenchores, Mesner und Ortschronist, in den Gesang ein. Zuerst sangen sie ein Lied, das weltweit auf allen Tagungen und Heimattreffen der karpatendeutschen Vereine gesungen zu werden pflegt und in dem darüber geklagt wird, daß man von Heim und Herd vertrieben worden sei und fremde Leute mit ihren fremden Sitten das eigene Land in Besitz genommen hatten.

Die Hopgartner sangen dieses Lied mit zu Herzen gehender Inbrunst, obwohl ihnen selber Heim und Herd gar nicht genommen worden waren. Als die rund 150 000 Deutschen, die in der Slowakei lebten, Nachkommen von Siedlern, die ab dem 12. Jahrhundert als Bergarbeiter, Bauern, Händler ins Land gezogen waren, 1945 ihres Besitzes enteignet, in Lager gepfercht, in sibirische Bergwerke verschleppt oder in Richtung Westen vertrieben wurden, waren die Hopgartner nicht darunter gewesen. Sie hatten so weit am Rande des einst deutschen Siedlungsgebietes gelebt und waren mit den Polen, Ruthenen, Slowaken der sie umgebenden Gemeinden so gut ausgekommen, daß man zwar beschloß, sie zu vertreiben, aber schließlich doch darauf vergaß. Jetzt sangen sie von der

Heimat, die sie verlassen hatten müssen, und in mir wuchs der Verdacht, sie taten es, weil sie uns mit einer jener Reisegruppen verwechselten, die seit ein paar Jahren die Slowakei besuchten und mitunter auch bis nach Hopgarten kamen: Vertriebene von einst, die es drängte, im Alter noch einmal Nachschau zu halten, wo sie aufgewachsen waren, oder deren Nachfahren, die das Land sehen wollten, von dem ihnen die Eltern manches erzählt haben mochten. Nach dem traurigen deutschen Lied sang der kleine Chor, ehe er so rasch, wie er zusammengekommen war, wieder verschwand, noch ein lustiges polnisches, ein schwermütiges ruthenisches und ein dem deutschen in der Stimmung recht verwandt klingendes slowakisches Lied.

Nachdem wir singend wie eine Delegation begrüßt worden waren, wandte sich mir Stefan Kozák geradezu amtlich mit der Bemerkung zu, daß die Hopgartner stolz seien, so viele Lieder und so viele Sprachen zu kennen:

»Der Slowake, wenn der seine Sprache verliert, kann er nur noch bellen. Die Deutschen aber können sich auch noch unterhalten, wenn es weit und breit keine Deutschen mehr gibt.«

Er sprach es so aus, daß es wie *därr Schlowake* und *die Deitschen, verlirrt* und *untarrholltn* klang. Aber, immerhin, die Familie Kozák konnte noch Deutsch. Besser sprachen sie, die Angehörigen von vier Generationen, die uns gegenübersaßen, allerdings Hopgartnerisch. Im Alltag sprachen sie Hopgartnerisch oder, da die rund 800 Bewohnern der Gemeinde es ja auch mit Leuten von außerhalb zu tun bekamen, Slowakisch. Oder Polnisch, denn in der Gegend lebten ziemlich viele Polen, die polnische Grenze war nur zwanzig Kilometer in nördlicher Richtung entfernt; oder Ruthenisch, denn in Jarobina, einem Ort gleich in der Nähe, zu dem wir schon auf der

Herfahrt abgezweigt waren und der mit seinen blau gestrichenen Holzhäusern einen architektonisch vollkommen anderen
Eindruck als Hopgarten machte, wohnten nur Ruthenen, obwohl die ukrainische Grenze, hinter der die meisten Ruthenen
lebten, hundert Kilometer ostwärts lag. Aber Grenzen sagten
ohnehin nicht viel aus, denn die nächste deutsche Grenzsta-
tion war sicher 700 Kilometer entfernt. Und waren die Hopgartner deswegen vielleicht keine Deutschen?

Ja, waren sie eigentlich Deutsche, fragte ich. Da ging ein
Disput los, so heftig, daß ich ihm nicht zu folgen vermochte.
Alle im Wohnzimmer redeten durcheinander, und sie taten es
in einer Sprache, die mit dem Deutschen, wie ich es kannte,
selbst mit dem Mittelhochdeutschen, das ich vor langer Zeit
an der Universität kennengelernt hatte, fast nichts zu tun
hatte. Um den Tisch saßen die 92jährige, ihr Sohn, ein gut-
aussehender älterer Herr mit weißem Haar und samtener
Stimme, dessen Frau, die unentwegt Teller mit Würsten und
Gläser mit Schnaps sowie andere Teller mit Kuchen und Tassen mit Milchkaffee vor einen stellte, damit man alles zugleich essen und trinken sollte; weiters eine vielleicht sechzigjährige Nachbarin in Festtagstracht, die um die Hüfte zwei
Mann breit war, einen kräftigen Oberlippenbart und eine
glockenhelle Stimme hatte; schließlich die Tochter Kozák,
eine Frau von dreißig Jahren, die die Folkloregruppe »Mar-
mon« mit 27 Mitgliedern leitete, und ein vierjähriges Mädchen, das Kind ihres abwesenden Bruders. Wenn über irgendeine Sache Uneinigkeit herrschte, schwatzten sie aufgeregt
Hopgartnerisch durcheinander, bis Herr Kózak mir den Beschluß der Familie würdevoll auf deutsch übermittelte.

Ja, sie seien Deutsche, aber nur zweitens, denn erstens waren sie Hopgartner; als solche glaubten sie allen Ernstes, daß
sich seit 750 Jahren, als der legendäre Schulze Peter die Besie-

delung dieses von der Natur nicht besonders begünstigten Ortes in Angriff nahm, jeder ihrer Vorfahren zum Zwecke der Fortpflanzung einzig mit Frauen oder Männern von Hopgartner Abkunft verbunden hatte, und nur deswegen habe sich ihre Sprache und Eigenart so lange erhalten. Ich fragte mich, wie die Hopgartner aussehen müßten, wenn sie sich tatsächlich immer nur innerhalb der Tausendschaft gepaart haben würden, auf die sie zu ihrer besten Zeit kamen, aber ich stellte diese Frage nur mir selber. Im 18. Jahrhundert verlor die Gemeinde viele ihrer Bewohner, die nach Siebenbürgen weiterwanderten, wo in einem Ort namens Wischau heute noch derselbe Dialekt wie in Hopgarten gesprochen wird, und die meisten Hopgartner lebten ohnehin weder in der Slowakei noch in Deutschland oder auch nur in Europa, sondern in den USA, wohin sich ab 1870 eine Familie nach der anderen aufgemacht hatte. Der Familienrat hatte ergeben, daß sie erstens Hopgartner waren, so etwas wie Schlesier des 12. Jahrhunderts, zweitens Deutsche, und zwar überzeugte Deutsche, und drittens Slowaken, gute Slowaken selbstredend, denn bei allem, was ein echter Hopgartner tat, kam stets etwas Gediegenes heraus.

Ich durfte das Gespräch nie stocken lassen, denn kaum daß ich nichts fragte oder meinen Schreibblock beiseitelegte, wurde ich handgreiflich ermahnt, doch endlich Kuchen mit Würsten zu essen und dazu Schnaps mit Kaffee zu trinken. Und sobald ich mich, von klein auf zur Höflichkeit erzogen, beflissen dem Verzehr der dargereichten Dinge zuwandte, begannen die drei Frauen, das Kind, der alte Herr sogleich zu singen, nicht als offizieller Begrüßungschor, sondern als Familie, die zusammensitzt und singt. Was am schönsten war in ihrem Leben, fragte ich später, und Frau Kozák, eine dicke, quirlige Person, die im eigenen Haus ein blaues Kopftuch trug, ohne als Muselmanin von ihrer Religion dazu verurteilt zu sein oder von aufgeklärten Menschen dafür verurteilt zu werden, sagte gleich: das Singen. Und am schönsten war es, in der Jugend zu singen. Früher, sagte Herr Kozák, früher hätten sie immer gesungen, zur Arbeit, beim Heimkommen vom Feld, und oft wurde von drüben, dem anderen Ort im Ort, wo die Zigeuner hausten, zurückgesungen.

»Heute ist das ganz anders. Wenn heute einer im Freien singt, heißt es doch gleich: Der ist besoffen! Und die Zigeuner drüben, die singen auch nicht mehr. Die sind ganz anders geworden. Sie müssen wissen, früher hat es noch anständige Zigeuner gegeben. Die haben weder gestohlen noch getrunken. Gesungen haben sie, so wie wir, nein anders, aber auch immerzu, von früh bis spät.«

Vor dem Krieg war es überhaupt immer schön gewesen. Zum Essen hatte es sechs Mal in der Woche zwar nur Kartoffeln gegeben, Hopgarten war immer eine arme Gemeinde. Aber die Leute verbrachten die meiste Zeit gemeinsam, auf dem Feld oder abends in der »Rockenstube«, wo sich die Jugendlichen, getrennt nach Geschlechtern, bald in diesem, bald in jenem Haus trafen und Streiche ausheckten, etwa daß man nächtens dem Bürgermeister den Leiterwagen entwendete und ihn auf die Spitze des Maibaums beförderte. Sie erzählten mit einer Begeisterung, als handelte es sich dabei um die wahren Abenteuer der Epoche, und lachend, in die Hände klatschend, korrigierten sie einander und erinnerten sich an noch verwegenere Taten. Das Glück, das vor mir ausgebreitet wurde, war so arglos der Enge verschwistert, daß ich merkte, wie unruhig ich vom bloßen Zuhören wurde. Als wäre es ihnen aufgefallen, versuchten sie mich gleich mit einem melancholischen ruthenischen Lied zu beruhigen. So blieben wir noch lange sitzen und hörten von den glücklichen Tagen der

Kindheit; und von den drei Monaten des Jahres 1945, als die Hopgartner auf ihren Feldern arbeiteten und, von den Bewohnern der benachbarten Dörfer oder dem slowakischen Pfarrer gewarnt, in die Wälder liefen, wenn die Rollkommandos der Gendarmerie aus Altlubau/Stára Ľubovňa kamen, bis die Obrigkeit sie und die amtliche Anordnung, alle Angehörigen der deutschen Volksgruppe zu vertreiben, eines Tages vergessen hatte.

Später wurde es trotz Stalinismus, Kollektivierung, Überwachung wieder besser, sah man davon ab, daß auch Hopgarten manche Anfechtungen der Moderne zu spüren bekam. Etwa das Rauchen. Als Kurt, der Fotograf, der mich begleitete, fragte, was so Schlimmes darin läge, seine Lebensgefährtin sei auch eine starke Raucherin, riet ihm die älteste Bürgerin der Gemeinde gemütvoll: »Dann müssen Sie ihr die Zähne einschlagen.« Und ihre Schwiegertochter prophezeite: »Mit dieser Mode wird die Welt untergehen.« Und deren dreißigjährige Tochter nickte sorgenvoll. Ich schaute auf die Vierjährige, die so folgsam wie ich Kuchen und Wurst in sich hineingestopft hatte, und fragte mich, ob Hoffnung bestehe, daß das Laster vielleicht mit ihr in diese glückliche Familie einziehen werde. Als wir uns verabschiedeten, mit allen guten Wünschen aus dem Haus geleitet, war es schon nach neun Uhr und stockfinster, in den meisten Häusern des Ortes brannte kein Licht mehr, und ich konnte mich im Auto eine Zeitlang des wenig anspruchsvollen Gedankens nicht erwehren, daß es in der kleinen, großen Welt unzählige Menschen gab, die ganz anders lebten als ich.

2

Die Zips ist keine Landschaft, sondern eine historische Region, die verschiedene Landstriche, Ebenen, Hügel, Täler, Gebirge in der östlichen Slowakei auf rund 3300 Quadratkilometern vereint. Wo immer man sich in der Zips befindet, von überall kann man den rund dreißig Kilometer langen Gebirgszug der Hohen Tatra sehen, der die Zips im Nordwesten mit seinen fast das ganze Jahr über schneebedeckten Gipfeln abriegelt. Die Hohe Tatra erhebt sich, nahezu ohne Vorgebirge, jäh aus der Ebene, die vor ihr rund hundert Kilometer süd- und westwärts gebreitet liegt und in voller Länge von dem Popper, slowakisch Poprad genannt, durchflossen wird, ehe dieser Fluß zwei markante Kehren zeichnet und sich in Polen mit dem Dunajez vereint. Die Zips liegt auf der Höhe der europäischen Wasserscheide, und während der Poprad die Oberzips in Richtung Ostsee verläßt, führt die Göllnitz, slowakisch Hlinec, die die waldreiche und hügelige Unterzips durchquert, in den Hernad, der sich südwärts wendet und der Donau, dem Schwarzen Meer entgegenfließt.

Vom Norden zum Süden ist das Land mit zahllosen kleinen Städten bestückt, die seit dem 12. Jahrhundert von Siedlern aus Sachsen und Schlesien, Franken und Flandern gegründet wurden und von denen sich viele ihre mittelalterliche Struktur, ihre gotischen Kirchen und Altäre bis heute erhalten haben. Tausend Jahre regierten über das ganze Gebiet, das heute Slowakei heißt, ungarische Könige und Feudalherren, die das Land zwischen Preßburg und Kaschau, ungarisch Poszony und Kassa, slowakisch Bratislava und Košice genannt, als »Oberungarn« bezeichneten und ihrer Herrschaft als gottgegebene Domäne eingliederten. Nachdem die Mongolen 1241 die magyarischen Länder verwüstet hatten, wurden unter dem

Zipser Erinnerungen

ungarischen König Bela IV. und seinen Nachfolgern Hundert-
tausende deutsche Kolonisten ins Land gerufen. Sie rodeten
die Wälder, erschlossen die reichen Erzberge, sicherten die
Grenzen gegen die Mongolen und wurden dafür mit erheblichen Privilegien ausgestattet. 1370 waren die Zipser Städte
so mächtig geworden, daß sie sich eine in ganz Europa einzigartige Selbstverwaltung erkämpfen konnten, die sich auf 24
Städte erstreckte, unter ihnen Leutschau und Käsmark, die als
Levoča und Kežmarok heute weltberühmt sind für die architektonischen Zeugnisse jener Ära eines frühen, selbstbewuß-
ten Bürgertums.

In Oberungarn sprach man, um es mit einem bekannten
Satz zu sagen, auf den Schlössern Ungarisch, in den Städten
Deutsch und auf dem Land Slowakisch. Die Zipser Städte
trieben Handel mit aller Welt, im Inneren aber gaben sie sich
ihr eigenes strenges Regiment, das die Gesellschaft nach den
geschriebenen und ungeschriebenen Gesetzen von Zünften
gliederte: Wer als »freyer Mann« der Zunft eines bestimmten
Handwerks zugehören wollte, der mußte außer vielen Dingen, für deren Kenntnis oder Beachtung er selber verantwort-
lich war, auch »aus einem keuschen Ehebett erzeuget und geboren seyn«, worauf er naturgemäß weniger Einfluß hatte.

Die Reformation hat bei den Zipser Sachsen, wie sie, die
Sachsen mit all den anderen deutschsprachigen Einwanderern
identifizierend, bald genannt wurden, mächtigen Widerhall
gefunden. Weder mit Soldaten noch mit Predigern gelang es
den Habsburgern, denen die ungarischen Länder zugefallen
waren, jemals wieder, die Zips zu einem vollständig katholischen Land zu machen. Im Gegenteil, radikale Reformgrup-
pen aus Tirol und Kärnten wie die Habaner, die wahren Kinder Gottes, die nach ihrem Märtyrer Jakob Hutter bald die
Hutterer genannt wurden, versuchten die religiöse Freiheit,

die ihnen in Habsburgs Kernlanden verweigert wurde, im fernen Oberungarn zu finden. Städte, die von Sachsen, Franken, Schwaben, von Tirolern, Kärntnern, von Menschen vieler deutscher Dialekte errichtet und bewohnt wurden, gab es an der Wende zur Neuzeit nicht nur in der Zips, sondern überall in Oberungarn.

In den Jahrhunderten, ehe der Nationalismus zur geschichtsmächtigen Kraft wurde, haben sich diese zu verschiedenen Zeiten und aus verschiedenen Regionen zugewanderten Leute aber nicht als gemeinsame Nation »der Deutschen« gegenüber jener der Slowaken oder der Ungarn empfunden. Sie waren eben die Zipser Sachsen oder, in den Bergbaustädten der mittleren Slowakei, die »Hauerländer«, die sich aus den Widerständigen vieler deutscher Fürstentümer rekrutierten, oder sie lebten in Preßburg als staatsfromme und kaisertreue österreichische Beamte, die keineswegs daran dachten, sich ausgerechnet den Zipser Sachsen am anderen Ende Oberungarns oder den rebellischen Knappen im mittelslowakischen Hauerland besonders verbunden zu fühlen.

Der Begriff »Karpatendeutsche«, der alle auf dem Gebiet des einstigen Oberungarn siedelnden deutschsprachigen Gruppen zu fassen versucht, ist vermutlich erst Anfang des 20. Jahrhunderts geprägt worden. Wiewohl er sich durchgesetzt hat, ist er wenig einleuchtend, weil er einerseits die Slowakei landschaftlich mit den Karpaten gleichsetzt, mit jenem mächtigen Gebirgszug, der zwar nördlich von Preßburg beginnt, sich aber 1400 Kilometer weit bis in den Osten Rumäniens zieht und zudem keineswegs die ganze Slowakei beherrscht; und andrerseits weil er aus Zuzüglern, die aus verschiedenen Gebieten gekommen waren, sich in unterschiedlichem Umfeld ansiedelten und religiös, kulturell, beruflich, politisch in anderen Zusammenhängen lebten, nachträglich eine homogene Gruppe zu erzeugen sucht. Sie alle zusammengenommen, die nie zusammengehörten, zählten an der Wende zur Neuzeit wohl 300 000 Menschen, die auf die eine und andere Art Kultur und Geschichte jenes Landes prägten, das immer von vielen Völkern zugleich bewohnt wurde.

Dieser Vielfalt ein Ende zu bereiten, war das Ziel des ungarischen Nationalismus, der die feudale Herrschaft über Oberungarn gewissermaßen in das bürgerliche Zeitalter retten wollte und im 19. Jahrhundert einen erbitterten Kampf Stadt um Stadt, Schule um Schule führte. Der Kampf wurde nicht nur ökonomisch und bürokratisch geführt, sondern schnitt auch durch die Brust ungezählter Menschen, die sich entscheiden sollten, was ihren Vorfahren als Entscheidung weder abverlangt worden war noch überhaupt verständlich gewesen wäre: sich nämlich national zu definieren in einem Raum, in dem ein jeder sich in verschiedenen Sprachen unterhalten konnte. Im Jahrhundert des Nationalismus hat sich in der Zips so wie in der ganzen Slowakei und fast überall in der ungarischen Reichshälfte der Donaumonarchie die Elite magyarisiert und das Volk slawisiert.

Wie merkwürdig dieser Übergang oft war, mag man an der Gestalt des Adalbert Alexander ermessen, eines begabten Jünglings aus Käsmark, der die plastische Darstellung am Röntgenschirm entwickelte, nach Budapest zog, dort als Direktor das erste radiologische Institut von Ungarn leitete, sich seine Freizeit schöngeistig mit dem Verfassen von Gedichten in Zipser Mundart vertrieb und 1916 als hochdekorierter ungarischer Mediziner und rührend naiver Zipser Heimatdichter starb. Nicht weniger als 35 000 Zipser seiner Generation, unter ihnen die Begabtesten, haben ihr kleines Land gleich ihm verlassen, sind nach Budapest gezogen und Ungarn geworden. Schon 1848 hatten sich die meisten Zipser auf die Seite der aufständischen Ungarn geschlagen. Als mit dem österreichisch-ungarischen »Unionsgesetz« 1868 festgelegt wurde, daß »die Staatssprache Ungarns die ungarische Sprache« sei – ein weiterer Verrat, den die Habsburger an den Zipser verübten –, hat ihnen dieses Bekenntnis zu bürgerlicher Revolution und Gleichberechtigung freilich nicht viel genützt. Sie wollten brave Ungarn sein und sich dabei doch ihre deutsche Sprache und alte Autonomie bewahren dürfen, aber es dauerte nur bis 1900, daß die ungarische Regierung alle Schulen der Zips unbedenklich magyarisiert hatte. Umso bemerkenswerter, daß sich die Zipser auch in dieser für sie prekären Lage standhaft gegen die Zumutungen des »Allgemeinen Deutschen Schulvereins« wehrten, der von Berlin aus martialisch für alle versprengten deutschen Volksgruppen zu sprechen behauptete und Zwietracht zwischen diese oft weit im Südosten Europas siedelnden Gruppen und ihren angestammten Nachbarn zu säen versuchte. Der so ausgerufene »Volkstumskampf« fand in den Zipsern höchst unwillige Streiter, die sich unbedankt den Ungarn gegenüber als loyale Staatsbürger verhielten. Im späten Mittelalter eine Kernregion der europäischen Ökonomie, angeschlossen an die großen Verkehrsverbindungen des Kontinents, war die Zips nach und nach an den Rand gerutscht; die Autonomie war zerstört, das Land ökonomisch für die ungarischen Magnaten nicht mehr von großer Bedeutung und die Zips, slowakisch Spiš, ungarisch Szepes genannt, zur verlorenen, versinkenden deutschen Sprachinsel geworden.

3

Es hatte leicht zu schneien begonnen, und die Straße war spiegelglatt. Wir mußten zurück nach Poprad, der größten Stadt der Oberzips, gelegen am gleichnamigen Fluß. Von Hopgarten, das am Nordrand der Region liegt, bis nach Poprad in deren Zentrum sind es nicht viel mehr als fünfzig Kilometer, für die wir fast drei Stunden brauchten und in denen uns kaum Autos entgegenkamen. Während der Wintermonate hat die Zips etwas Museales, und Museen werden die Nacht über geschlossen. Wir fuhren südwärts den Fluß entlang, der nach Norden floß, und kamen aus der entgegengesetzten Richtung noch einmal durch all die Städte und Dörfer, die wir am Vormittag besichtigt hatten. Jetzt lagen sie in eisige Finsternis getaucht, aus der in jedem Ort zwei Kirchtürme ragten, die sich zu beiden Seiten der Landstraße trotzig gegenüberstanden.

So klein konnte ein Zipser Ort gar nicht sein, daß er nicht zwei Kirchen hatte, eine katholische und eine evangelische. Die katholischen bargen selbst in unansehnlichen, kleinen Dörfern oft Meisterwerke der gotischen Holzplastik, die evangelischen wiederum waren manchenorts aus Holz gefertig und bautechnische Meisterwerke für sich, weil die frommen Habsburger den von ihnen geschröpften, dem ungarischen Adel ausgelieferten Untertanen am Landtag von Ödenburg 1681 nur evangelische Kirchen zugestehen wollten, die aus Holz und ohne einen einzigen Nagel errichtet waren. Diese »Artikularkirchen« stellten an die Baumeister die allergrößten Herausforderungen und bedeuteten in der technischen Intelligenz, mit der sie errichtet wurden, Siege über die Willkür der fernen Obrigkeit.

Als wir durch Podolínec fuhren, eine der ersten Städte, die

von schlesischen Einwanderern gegründet wurde, schien die Dunkelheit, in der die ganze Stadt lag, den Niedergang noch zu betonen, in dem sie seit langem begriffen war. Einst hatte das deutsche Pudlein sich als erste Zipser Stadt das Stapelrecht erkämpft, hundert Jahre später, um 1400, waren die Schuster hier übereingekommen, den anderen Handwerkern mit der ersten Zunftordnung der Zips voranzugehen. Von Pudlein aus versuchten die Habsburger die Gegenreformation in die Zips zu treiben, und eine ihrer mächtigsten Waffen war das Gymnasium der Piaristen, das sie erbauten. Seit langem aber war Podolínec eine unbedeutende Kleinstadt, in der sich jetzt auf dem langgestreckten schönen Hauptplatz, der wie fast überall in der Zips wie ein in die Stadt verlegter Anger anmutet, kein einziger Mensch sehen ließ.

Auch in Spišská Belá, das früher, als hier noch die Deutschen die Mehrheit stellten, Zipser Bela hieß, belauerten einander zu beiden Seiten der Landstraße seit Jahrhunderten die Kirchen der beiden christlichen Konfessionen, links die katholische, rechts die evangelische. Und kurz hinter Spišská Belá geschah es: Starr, wie in den eisigen Boden verpflanzt, stand ein Mann mitten auf der Landstraße, die Hand gebieterisch erhoben, ein finsterer Wächter, vor ewigen Zeiten von einer gestrengen Zunft hierhergestellt, um die Reisenden, die so spät des Weges kamen, aufzuhalten und nach ihrer Berechtigung zu überprüfen, auch nächtens durch die Gegend zu ziehen. Unsteuerbar schlitterte unser Wagen dem Wächter entgegen, der keine Anstalten machte, zur Seite zu springen und sich zu retten.

Im Licht des Scheinwerfers, der mit dem sich drehenden Auto von seiner finsteren Gestalt abglitt, blieb er völlig reglos. Gleichmütig setzte er sich erst in Bewegung, als der Wagen keinen halben Meter vor ihm zu stehen gekommen war, ging um das quergestellte Gefährt herum, um seine Vernehmung nicht mit dem Beifahrer, sondern mit dem Lenker selbst zu beginnen. Er klopfte an das Fenster und schob, als es die Automatik endlich heruntergesurrt hatte, sein Haupt mit einem merkwürdigen Prusten in den Wagen herein. Es war, wie wir jetzt erkennen konnten, ein vollkommen durchnäßter Rom, dem Eisperlen das wirbelige schwarze Haar und den mächtigen Schnurrbart verklebt hatten. Fast schien er sich, den Kopf voraus, durch das Fenster in das Auto hereinzwängen zu wollen, während er unablässig mit krächzender Stimme dasselbe wiederholte, von dem wir endlich begriffen, daß er nichts anderes begehrte, als in das rund zehn Kilometer entfernte Kežmarok mitgenommen zu werden.

Die Bitte gewährten wir ihm umso lieber, als uns die Art, wie er unvermittelt vor uns aus der Landstraße gewachsen war und sich von dem Auto lieber hätte überfahren lassen, als noch länger darauf zu warten, daß jemand vorbeikomme und ihn mitnehme, so erschreckt hatte, daß wir ihm herzlich dankbar waren, daß er uns zuliebe noch lebte. Also stieg er durch die hintere rechte Tür in den Wagen, in dem es sogleich, nachdem er Platz genommen hatte, zuerst merklich kälter wurde und dann geradezu zu dampfen begann.

Kežmarok, eine Stadt von 20 000 Einwohnern, war früher eine der bedeutendsten deutschen Städte der Slowakei gewesen. In der etwas abseits gelegenen katholischen Kreuzkirche mit ihrem gotischen Flügelaltar und den zahllosen Holzstatuen, die manchen Heiligen für ewig in einer merkwürdigen Bewegung bannten, waren wir bereits am Vormittag gewesen; ebenso in der grandiosen Artikularkirche, einem Wunderwerk an Statik und Anmut. Auf den Straßen, die dem Zentrum zuführten, waren uns vormittags fast nur Roma begegnet, und dorthin, in das Viertel um den weitausgedehnten Hauptplatz,

leitete uns auch unser Fahrgast. Als wir in seinem Revier anlangten, wollte er uns etwas zeigen, zu jemanden bringen, und
darum stiegen wir aus dem Wagen und gingen mit ihm eine
stockfinstere Straße entlang. Er deutete bald auf die eine, bald
auf die andere Seite, wo wir im Parterre der mehrstöckigen
Häuser ein paar um diese Stunde längst geschlossene Schank-
stuben erkennen konnten, und lief mit wachsender Wut die
Querstraßen ein paar Schritte hinein und heraus.

Die nächtliche Begegnung schien zu nichts Gutem mehr
zu führen, und darum verabschiedeten wir uns von unserem
Wächter, der geradezu fassungslos über unseren Unwillen, mit
ihm noch länger nach etwas Ausschau zu halten, von dem wir
nicht wußten, was es war, verstummte und auf der Straße ste-
henblieb. Als das Auto reversierte und wir den Ort langsam
verließen, sahen wir, daß er reglos, wie er uns zum Stehenbleiben genötigt hatte, auf seinem Platz verharrte, eine Statue, auf
die dünne Schneeflocken herabfielen und vor der in dieser
Nacht vermutlich kein weiterer Wagen mehr würde bremsen
müssen.

Mir fiel ein, daß unter meinen Unterlagen im Hotel in
Poprad auch die Adresse der Ortssektion des Karpatendeutschen Vereins von Käsmark war, die sich vor zehn Jahren gebildet hatte. Bei der letzten Volkszählung, die gerade erst ein
Jahr zurücklag, war zum ersten Mal seit 1945 auch das Bekenntnis als »Deutscher« wieder möglich, das 131 Bürger von
Käsmark abgaben. Roma waren es hingegen über 5000 gewesen, was kein ungewöhnliches Verhältnis für die Zips darstellte. Die kommunistische Obrigkeit hatte nach 1945 versucht, die Roma, die jahrhundertelang ihre Existenz wan-
dernd bestritten hatten, seßhaft zu machen und sie bevorzugt
gerade dort zur Ansiedelung genötigt, wo Häuser, Stadtvier-
tel, ganze Dörfer von den Deutschen verlassen worden waren.

Es war nach 23 Uhr, als wir wieder auf der Landstraße waren, die nach Poprad und gleich nach ein paar Minuten durch einen Ort führte, von dessen angestammter Bevölkerung nicht einmal mehr ein jämmerlich kleiner Kulturverein, sondern einzig ein kurioser Friedhof zeugte. Huncovce, das alte Hunsdorf, war eine weithin berühmte jüdische Gemeinde gewesen und Sitz einer legendären Rabbinerschule, deren Absolventen selbst in Deutschland und den USA fromme Anstellung fanden. Heute gab es in Huncovce nur schwerlich etwas zu entdecken, das geeignet wäre, einem im Gedächtnis zu bleiben – bis auf diesen steilen Hang, der mitten im Ort auf die Landstraße zu kippen schien. Der alte jüdische Friedhof von Hunsdorf bot einen pittoresken Anblick, denn er fiel so dicht an die Hauptstraße herab, daß man den Eindruck hatte, man durchquere ihn fahrend; und er wurde so achtlos dem Verfall überlassen, daß man glauben mußte, die heutigen Bewohner von Huncovce würden blind in ihrer eigenen Gemeinde leben und nicht sehen, was ihnen täglich vor Augen stand – ein Friedhof, dessen Grabsteine, soferne sie nicht gestohlen und für den privaten Hausbau verwendet worden waren, umgestürzt lagen und auf die Straße zu rutschen drohten.

Überall in der Zips, wo es jüdische Gemeinden gegeben hatte, fand ich Friedhöfe vor, die in der Nähe schmucker Ortschaften trostlos verwilderten. Die Achtlosigkeit, mit der all die verschiedenen Nationalitäten der Slowakei das Zeugnis des slowakischen, deutschen und ungarischen Judentums ignorierten, war so augenfällig, daß ich mich anfangs scheute, jemanden darauf anzusprechen, fürchtete ich doch, rüde Antwort zu erhalten und so belehrt zu werden, daß ich mich durch feindliches Gelände bewegte. Je länger ich in der Zips unterwegs war, desto mehr erfuhr ich von den Ressentiments, die dort einer gegen den anderen hegte: Die Ungarn schimpften auf die bäurischen Slowaken, von denen sie sich als hoch-kultivierte Minderheit benachteiligt fühlten, die Slowaken schimpften auf die arroganten Ungarn, von denen sie lange genug bevormundet worden waren, die Zipser Deutschen schimpften auf die diebischen Slowaken, die 1945 ihre Häuser so rasch in Besitz genommen hatten, daß »das Fleisch in der Pfanne noch warm gewesen war«, und sie alle zusammen schimpften – auf die Roma.

Keinen einzigen fand ich jedoch, der über die Juden ein schlechtes Wort hätte fallen lassen. Im Gegenteil, alle waren sich einig, daß der Niedergang der Slowakei mit der Verfolgung und Vertreibung der jüdischen Bevölkerung zusammenhing. Selbst das Klischee vom reichen Juden pflegte hier respektvoll gewendet zu werden: Die Juden, bekam ich oft zu hören, das waren doch die guten Kapitalisten gewesen, die ihr Geld im Lande hielten, im Lande investierten und für segensreiche kulturelle Einrichtungen stifteten, während die Kapitalisten von heute, die neuen Reichen, Barbaren ohne jedes Gefühl für Verantwortung waren, die ihre Beute heute da erjagten und sich morgen schon mit ihr aus dem Staube machten.

So viel Rühmendes hörte ich über die Juden erzählen, daß ich mich schon fragte, wer um Himmels willen ihnen hier je Schlechtes getan haben konnte. Immmhin war die Slowakei seit dem März 1939 ein selbständige Republik gewesen, mit einer Verfassung, in der klerikale, vom österreichischen Ständestaat geborgte Ideen, nationalslowakische Anliegen und genuin nationalsozialistische Zwangsvorstellungen eine autoritäre Verbindung eingegangen waren, ein spezifisch slowakischer Faschismus, der auf dem Fundament eines klerikalen Ständestaates die gottgegebene Ordnung beschwor, aber durchaus Platz für die Unruhe rassistischer Exzesse ließ. 1930 hatten sich bei der Volkszählung 137000 Staatsbürger als

Juden deklariert, 10 000 von ihnen übrigens auch noch als Deutsche. Und der nationalslowakische Staat von Hitlers Gnaden, der von Berlin vielleicht überhaupt nur geduldet wurde, weil sich mit ihm die Tschechoslowakei endgültig zerschlagen ließ, hatte 1941 seine eigenen Arisierungsgesetze eingeführt und einen »Judencodex« festgelegt, der die Deportation von Zehntausenden Juden zuerst zur Zwangsarbeit und dann in die Vernichtungslager regelte.

Auf meine Frage, wer, da die Juden mir stets als Opfer bezeichnet wurden, denn eigentlich die Täter gewesen waren, bekam ich zweierlei Antwort zu hören: Die Zipser Deutschen, die ich fragte, erklärten mir, die Verfolgung der Juden wäre Sache der fanatischen Hlinka-Garden der Slowaken und der landfremden deutschen SS gewesen; die Slowaken wiederum sagten mir, die Juden seien überhaupt nur von der deutschen SS und vielleicht noch von ein paar ungarischen Freiwilligen verfolgt worden. Von dem berühmten Aufmarsch der Hlinka-Garden – die ihren Namen von Andrej Hlinka hatten, einem katholischen Priester und Erwecker des slowakischen Nationalismus, den die Gnade des frühen Todes 1938 davor schützte zu sehen, was in seinem Namen geschah –, von dem Aufmarsch der Hlinka-Garden in Käsmark am 13. März 1939, als diese ganz im Sinne Hitlers die Zerschlagung der Tschechoslowakei verlangten, die jüdischen Geschäfte zerstörten und zu Tausenden »My chceme Hitlera« – Wir wollen Hitler! – skandierten, hatte noch nie jemand etwas gehört. Ein Mann, der halb Ungar, halb Deutscher und ein ganzer Slowake war, klärte mich, ohne es beabsichtigt zu haben, ein für allemal auf, warum das so war:

> »Der Hitler, dieser Verbrecher, hat die Juden umgebracht, die hier die schönsten Fabriken gebaut haben, aber auf die Roma, die alles kaputt machen, hat der Idiot vergessen.«

Es war Mitternacht, als vor uns die dunklen Hochhäuser von Poprad auftauchten, die Kulisse einer großen, schlafenden Stadt. Im Hotel aber ging es Nacht für Nacht hoch her, und die letzten Feiernden wankten meist erst aus dem Haus oder auf ihre Zimmer, wenn sich die ersten Gäste schon im Frühstücksraum einfanden.

4

Das Hotel Gerlach stand am Rande der Altstadt von Poprad und ragte, umgeben von zwei-, dreistöckigen Häusern und einem kleinen Park, häßliche sieben Stockwerke empor. Es war als Mahnmal der Plattenbauweise in realsozialistischer Zeit errichtet worden und hatte, kaum daß es fertiggestellt und als Luxushotel eröffnet worden war, bereits zu verfallen begonnen. 25 Jahre, nachdem sie als letzter Schrei bis nach Poprad gedrungen waren, witterten die einst modernen Einrichtungsgegenstände in einem eigenen Charme dahin, der darin bestand, daß sie, die nichts als hypermodern wirken sollten, in ihrer vorgetäuschten Kostbarkeit und ihrem echten Kitsch allesamt bereits schäbig, beschädigt, schadhaft waren.

In die Ledersofas der Bar, Plastikimitate von düsterer Farbe, hatten die Besucher zweier Jahrzehnte tiefe Buchten gegraben, aus denen auch die durchtrainierten Blondinen nur schwer hochschnellen konnten, die dort zumeist mit Herren um die Fünfzig saßen, die in Geschäften nach Poprad gekommen waren. Die Tischchen vor den Ledersofas aus Plastik waren so niedrig und von den gesäßförmig eingesackten Sofas so schwer zu erreichen, daß die meisten Leute ihre Gläser mit Hochprozentigem, das hier getrunken wurde, lieber gleich in der Hand behielten. Der Eingang der Bar lag gegenüber der

Rezeption, an der eine ältere Dame mit rotem Haar vor ein paar Tagen umständlich und mit grimmiger Miene einen ganzen Fragebogen über uns ausgefüllt hatte, ehe sie uns nach Minuten die Pässe zurückreichte, die Schlüssel übergab und mit einem bezaubernden Lächeln, zu dem sich ihr Gesicht auf wundersame Weise von einem Augenblick zum anderen entkrampfte, auf deutsch sagte: »Entschuldigen Sie bitte meine kommunistischen Manieren, aber das ist hier so Pflicht.«

Die Bar und die Rezeption waren im Erdgeschoß, der Frühstücksraum und das Restaurant hingegen im siebten, dem obersten Stock, den sie sich mit einem privaten »Eros-Club« teilten, der durch eine diskrete Tür jenen Teil des Stockwerkes abtrennte, in dem sich in den anderen Etagen ein langer Gang mit rund zwanzig Zimmern streckte. Zehn Tage lang nahmen wir hier oben unser Frühstück ein, zusammen mit wechselnden Geschäftsreisenden, die mir so verdächtig erschienen, wie mir Geschäftsreisende überall auf der Welt erscheinen, deren Beruf, mag es auch der langweiligste sein, der sich nur denken läßt, mir doch stets ein Geheimnis zu bergen scheint, hinter das ich niemals kommen werde; und mit einigen Mädchen um die Zwanzig oder eher darunter, die in Hausschlapfen und mit Morgenmantel aus dem Eros-Club schlurften und sich mißmutig rauchend große Tassen Kaffee servieren ließen.

Eine Woche lang beobachtete ich hier jeden Tag dieselbe Szene. Der Frühstücksraum hatte zwei Durchgänge, von denen einer in den Salóniki, den großen Speisesaal, führte, und der andere kein Durchgang, sondern ein Spiegel war, der nicht den Blick auf die gedeckten Tische des Salons freigab, sondern jene des Frühstücksraumes spiegelte. Jeden Tag liefen ein, zwei Gäste, die durch den Salóniki die Toilette aufsuchen wollten, gegen den Spiegel, interessiert beobachtet von dem ansonsten leidenschaftslos herumstehenden Personal. Und von mir, der ich mich auf diese Weise bei den Kellnern und Kellnerinnen beliebt zu machen suchte, die mich nach einigen Tagen auch schon nicht wie einen beliebigen, sondern einen besonderen Geschäftsreisenden zu behandeln begannen, indem sie mir, ohne daß ich es bestellen hätte müssen, statt Kaffee oder Tee gleich den Krug mit dem Liter Wasser, den ich morgens benötige, auf den Tisch stellten und mich mit unmerklichen Zwinkern auf einen neuen Gast aufmerksam machten.

In diesem unvergeßlichen Frühstücksraum, den gegen halb zehn, wenn wir ihn spätestens verließen, die ersten Gymnasiasten erstürmten, die der Schule entlaufen waren, um noch ein paar Blicke auf die gelangweilt zurückschauenden, nur zwei, drei Jahre älteren Prostituierten zu erhaschen, trafen wir Vladi zum ersten Mal. Unsere Zimmer lagen im vierten Stock, wo auch er sein Büro hatte. Vladi war Chefredakteur des *Karpatenblatts,* der einzigen deutschsprachigen Zeitung der Slowakei, die seit 1991 monatlich erschien. Die Zeitung war im Eigentum des Karpatendeutschen Vereins, der 1990 mit Unterstützung, nicht zu sagen: auf Drängen der wohlhabenden Karpatendeutschen Landsmannschaft aus Deutschland gegründet wurde und es in der Zips, in der Region Bratislava, im Hauerland und im südlich der Zips an der Grenze zu Ungarn gelegenen Bodvatal innerhalb von zehn Jahren auf immerhin 36 Ortsgruppen gebracht hatte. Daß das *Karpatenblatt* in Poprad erschien, hatte nicht damit zu tun, daß diese Ortsgruppe besonders groß oder tatkräftig gewesen wäre. Poprad war heute eine Stadt von über 60 000 Einwohnern und hatte, als sie noch Deutschendorf hieß, nur 3500 Bewohner gezählt. Aber das einstige Dorf der Deutschen war zur größten Stadt der Zips geworden, seitdem eine Verwaltungsreform in der kommunistischen Ära die fünf um Poprad liegenden Gemeinden zusammenschloß. Der an der Rezeption des Hotels Gerlach aufliegende mehrsprachige Prospekt wußte, daß der jetzige Ortsteil Spišská Sobota das einstige Georgenberg war, früher eine der schönsten Gemeinden der ganzen Zips und heute makellos restauriert, und daß das alte Matzdorf als Ortsteil Matejovce nur zwei besichtigenswerte Gebäude hatte, »das neie Firma Whirlpool für die Waschautomatika und die altgotische Stefanskirche aus Jahre 1287«.

Diese Zusammenlegung entfaltete ihre eigene Dynamik, sodaß später tatsächlich eine Stadt aus jenen Teilen entstand, die vorher nur administrativ vereint worden waren, und Poprad zu einem industriellen und kulturellen Zentrum der Ostslowakei wurde. So gab es dort eine Anzahl von Gymnasien und technischen Fachschulen, unter denen das in den neunziger Jahren eröffnete »Deutsche Gymnasium« eine Sonderstellung einnahm. Die Zipser Deutschen waren zwar froh, daß es jetzt wieder eine höhere deutsche Schule gab, hatten aber mit ihr nicht viel zu tun. Unter den Schülern des Deutschen Gymnasiums gab es nur gezählte Nachfahren der alten Zipser, im wesentlichen waren es die slowakischen Aufsteiger aus der sich erst bildenden, neuen bürgerlichen Schicht, die ihre Kinder in eine Schule schickten, in der sie mit der deutschen Sprache gleich einiges erlernen sollten, was ihnen in der Europäischen Union nützlich sein würde. Einer der offiziellen Vertreter der karpatendeutschen Ortsgruppe von Poprad hat mir versichert, daß die größte Freude am Deutschen Gymnasium die slowakische Wirtschaftsmafia habe, deren Sprößlinge dort mit erheblichen Mitteln des Deutschen Auswärtigen Amtes zu tüchtigen, mehrsprachigen, Deutschland gegenüber aufgeschlossenen Europäern ausgebildet würden.

Mit überkommener großdeutscher Politik, die sich an den

Resten der deutschen Minderheit im Lande orientiert haben würde, hatte diese Schule jedenfalls nichts zu tun, eher war sie für die Bundesrepublik ein strategisches Mittel, in den neuen slowakischen Eliten kompetente Geschäftspartner von morgen heranzuziehen. Vladi, der Chefredakteur des *Karpatenblatts*, hatte viele Berufe und Berufungen und unterrichtete vormittags auch ein paar Stunden am Deutschen Gymnasium, über deren Schüler er sagte: Snobs, die die Lehrer verachten, weil sie von Vati zum Schulabschluß ein Auto bekommen, wie es sich keiner ihrer Lehrer je würde leisten können. Es war unüberhörbar, Vladi litt daran, daß sich die ferne, reiche Bundesrepublik Deutschland so kulturlos erwies und, statt die längst randständig gewordene deutsche Minderheit zu fördern, lieber in die Aufzucht einer konformistischen slowakischen Elite investierte. Aber Vladi wußte eben viel von deutscher Geschichte und wenig von europäischer Gegenwart.

5

Vladi war ein kleiner, rundlicher Mann, hatte in seinem weichen Gesicht eine große, fleischige Nase und schwarzes, wie auf den Schädel geklatschtes Haar. Der massige Körper lief in zierliche Extremitäten aus, die Füße steckten in kleinen Schuhen, und die Finger waren so feingliedrig, daß von ihnen auch dann keine Bedrohung ausging, wenn Vladi, der mit dem ganzen Körper zu diskutieren pflegte, seinem Gegenüber vor dem Gesicht herumfuchtelte. Er hatte eine angenehm gutturale Stimme, mit der er gleich schnell und viel auf deutsch und slowakisch sprach. Wenn man mit ihm durch Poprad ging, konnte man meinen, er wäre mindestens mit jedem zweiten Bewohner der Stadt befreundet, so oft wurde er herzlich gegrüßt und so oft blieb er stehen, um uns jemanden vorzustellen. Vormittags war er meist in der Schule, nachmittags in der Redaktion des *Karpatenblatts*, abends probte er, der als Chefredakteur einer deutschen Zeitung zugleich ein slowakisches Jugendtheater leitete, entweder auf dem Theater oder zog mit uns, den Gästen aus Österreich, herum.

Seine femininen Hände hingen an mächtigen Armen, von denen er den linken einmal entblößte, um uns den riesigen rotblauen Fleck zu zeigen, der den ganzen Ellenbogen kreisförmig umschloß. Vladi litt an schwerer Gicht, die sich bei ihm, was eher selten vorkommt, in den Ellenbogen festgesetzt hatte. Er war 49 und glaubte, wiewohl er wie Mitte Fünfzig wirkte – wie ein großes Kind Mitte Fünfzig, genaugenommen –, daß er wesentlich jünger aussah. Er litt, abgesehen von der Gicht und den höllischen Schmerzen, die sie ihm, die Gelenke zerscheuernd, periodisch verursachte, an der Angst, es könnte ihn unvermittelt eine Herzattacke fällen und ins Grab bringen, und an der Dummheit jener Honoratioren, die den verschiedenen Ortsgruppen des Karpatendeutschen Vereins vorstanden, kaum Deutsch konnten, nichts als gute Nachrichten über ihr letztes Sängertreffen lesen wollten und mit denen er doch auskommen mußte, weil sie die Eigentümer seiner Zeitung waren. Materiell und institutionell von Menschen abhängig zu sein, deren geistige Kapazität geringzuschätzen man allen Grund hat, ist etwas Demütigendes, und auch daran litt Vladi, ein Intellektueller, verdammt dazu, seine Existenz in geistverachtendem Milieu zu bestreiten.

Vor allem litt er daran, daß er wegen der schweren Gicht nicht mehr trinken durfte. Wenn wir mit ihm unterwegs waren, empfahl er uns immer die fettesten, in Öl und Butter schwimmenden Speisen, er selber, von uns eingeladen, verweigerte die Nahrungsaufnahme, weil er das, was ihm schmeckte, ohnehin nicht essen durfte und es ihm deswegen erst gar nicht dafürstand, daß er überhaupt irgendetwas aß. Weil ihm Bier und Wein verboten waren, war er dazu übergegangen, nur mehr Wodka zu trinken. Er bestellte ihn in einem Achtelliterglas, neben das er noch einen halben Liter Wasser in einem eigenen Glas zu plazieren pflegte. Dann unterhielt er sich mit uns, erzählte dies und das, blieb nur beim Thema, wenn man ihm kein Entrinnen ließ, und hatte dabei stetig den Wodka im Auge. Irgendwann, meist erst nach zwanzig, dreißig Minuten, ergriff er das Glas, hielt es ein paar Sekunden in der Hand, hob es und schüttete seinen Inhalt auf einen Sitz die Kehle hinunter, wobei er ein schmerzverzerrtes Gesicht machte, als würde ihn jemand nötigen, die abscheulichste Sache der Welt hinunterzuwürgen. Dann schnalzte er ein wenig mit der Zunge, als wollte er die Reste des ekligen Zeugs ordentlich im Mund verteilen, und leerte den halben Liter Wasser hinterher, um dem Kellner, sobald er herschaute, darauf aufmerksam zu machen, daß er weder Wodka noch Wasser mehr hatte. Auf diese Weise saßen wir täglich von acht Uhr abends bis Mitternacht zusammen, ließen uns von ihm 800 Jahre deutscher Geschichte in der Slowakei erklären und über den Weltkommunismus und den Weltkapitalismus – Vladi litt an beiden –, über seine Familie, die Theaterkunst, seine Reisen durch halb Europa und seine wöchentlichen Besuche in den Zipser Dörfern, über die er Geschichten für das *Karpatenblatt* schrieb, unterrichten.

Im Vorjahr hatte er im Jänner einen Artikel zum 105. Geburtstag von Wilma Schlepek aus Spišská Bela verfaßt und dabei den Dichter in sich kaum zurückhalten können: »Die Dichter würden schreiben, daß ihr Leben so verlaufen ist, als ob man mit der Peitsche knallen würde. Es tat auch so weh.« 105 Jahre, das hieß für eine Zipserin, daß sie sechs verschiedene Systeme überlebt hatte, die zu überleben nicht nur der langen Lebenszeit wegen keineswegs selbstverständlich war. Ihre ersten Jahre verlebte Wilma Schlepek in den letzten Jahren der k.u.k. Monarchie, in der sich bei den Slowaken Widerstand gegen die aberwitzig nationalistische Politik der Ungarn regte. Ihre Kinder zog sie in den zwei Jahrzehnten der tschechoslowakischen Republik auf, als die Deutschen von den Slowaken, der neuen Staatsnation, gegenüber den vormals herrschenden Ungarn bevorzugt wurden. Die ältesten Söhne mußte sie in den Krieg ziehen lassen, als die Slowakei für fünf Jahre jene so lange ersehnte Eigenstaatlichkeit erreichte, eine beschränkte, verächtliche Souveränität freilich, denn der Staatspräsident, ein katholischer Priester namens Jozef Tiso, wußte sich den Befehlen des deutschen Gesandten und dem eigenen, nationalsozialistischen Flügel seiner Bewegung nicht zu entziehen und hat schmachvoll untertänig die Deportation der Juden akzeptiert, von der er wußte, daß sie in die Vernichtung führte. Bei der Verfolgung und Vertreibung von rund 150 000 Karpatendeutschen, mit der die viele Slowaken die eigene Verstrickung in die Geschichte des Dritten Reiches zu vertuschen versuchten, erwiesen sich übrigens gerade jene Schläger besonders fleißig, die zuvor in den Hlinka-Garden und anderen nationalistischen Verbänden gegen die Juden, Roma und slowakischen Widerstandskämpfer gewütet hatten.

Von ihren mittleren Jahren bis ins Greisenalter lebte die Jubilarin dann in der Tschechoslowakischen Sozialistischen Republik, in der es den versprengten Resten der im Land verbliebenen deutschen Bevölkerung nicht gestattet war, sich öffentlich zu artikulieren, die ursprünglich kompakt siedelnde Gruppe übers Land verstreut wurde und viele auch zu Hause die Muttersprache nicht mehr verwendeten, um den Kindern

Deutsche Gastlichkeit

Schwierigkeiten zu ersparen. Bald nach ihrem neunzigsten Geburtstag folgte 1989 jene kurze Ära einer tschechischen und slowakischen »Föderation«, die mit der gewaltlosen, von den allermeisten Slowaken bedauerten Auflösung des gemeinsamen Staates der Tschechen und Slowaken endete. Und seit 1993 lebte Wilma Schlepek in der Republik Slowakei, die es ihren vielen nationalen Minderheiten nunmehr gestattete, sich politisch zu organisieren, zugleich aber die sozialen Sicherheiten, wie sie vom realen Sozialismus überkommen waren, zertrümmerte und damit Tausende außer Landes trieb. Kaum daß es ihnen gestattet worden wäre, sich endlich in kulturellen und politischen Organisationen zu sammeln, machten sich von den Nachkommen der Zipser Deutschen gerade jene auf den Weg nach Deutschland oder sonstwohin, die gut ausgebildet waren und sich zutrauten, es in der Welt zu etwas zu bringen. »Es bleibt ja nur, wer sich nicht fortzugehen traut«, sagte Vladi, und er litt schon wieder, nicht nur weil ihn der eben hinuntergekippte Wodka schüttelte.

Kaum war damals sein Artikel über die älteste Zipserin erschienen, mußte Vladi ihn im nächsten Heft schon ergänzen: Mit ihren 105 Jahren war Wilma Schlepek nämlich nicht nur die älteste Karpatendeutsche, sondern sogar die älteste Bürgerin der Slowakei. Zumindest bis zum Mai desselben Jahres, als in Metzenseifen, am Südrand des alten Zipser Gebietes, eine gewisse Helene Eiben Geburtstag feierte, und zwar rätselhafterweise ihren 106. Zu ihrem Ehrentag traten auch die beiden Jugendgruppen von Metzenseifen an, die berühmte Tanzgruppe »Wilde Buben«, der solche bis zum vierzehnten Geburtstag angehörten, und die »Schadirattam«, bei der man mindestens fünfzehn sein mußte, wenn man mittanzen, mitsingen und zu Festivals im Ausland mitreisen wollte. Wie sich die deutschen Jugendlichen sonst miteinander unterhielten, fragte ich Vladi, weil ich mir dachte, auch in der Zips würden es die Jugendlichen sicher nicht damit zufrieden sein, immer nur Volkstänze zu üben und bei runden Geburtstagen von Greisen die alten deutschen Lieder zu singen. Aber Vladi hatte mich mißverstanden und antwortete bitter:

»Auf slowakisch natürlich! Die Jugendlichen können ihre Oma vielleicht noch halbwegs verstehen, aber ihr auf deutsch nicht mehr antworten. Eher noch auf potoksch oder mantakisch, aber nicht auf hochdeutsch. Das ist ja das Elend!

– Potoksch?

– Ja, Potoksch oder Padoksch oder Potokisch, wie Du willst. Das ist die Sprache der Oberzips. Überall zwischen Poprad und Altlubau, Käsmark und Leutschau wurde Potoksch gesprochen; nur in Hopgarten nicht, Hopgartnerisch ist von Potoksch mindestens so weit entfernt wie Holländisch von Deutsch, wahrscheinlich weiter.

– Und Mantakisch?

– Meine liebe Seele, Du weißt nicht, was Mantakisch ist und wer die Mantanaken sind? Mantaken oder Montanaken, ganz wie Du willst, waren die Leute, und Mantakisch oder Montanakisch hieß ihre Sprache.

– Und wer waren die?

– Na, das sind die Leute aus der Unterzips, dem Göllnitz- und dem Bodvatal, die von wer weiß wo als Bergleute hierher gezogen waren. Angeblich heißen sie Montanaken von Montagne, was französisch so viel wie Berg heißt, und sie waren ja Bergleute. Andere sagen, das Wort ist entstanden, weil keiner die Zuzügler verstand und man sich daher immer, wenn einer von ihnen was sagte, fragte: *Was mant a?*

– Und sind die Unterschiede zwischen dem Potokischen und dem Montakischen groß?

– Ach, meine liebe Seele, was heißt schon groß? Sie sind nicht groß für einen Fremden oder einen Sprachwissenschaftler, aber für einen, der Padoksch und Mantaksch spricht, hören sie sich schon erheblich an.«

6

Eines Morgens erschien Vladi, noch während wir beim Frühstück saßen, im Hotel Gerlach und fragte uns, ob wir ihn, da er heute schulfrei habe, nicht in seine Heimatstadt Kniesen begleiten wollten. Er habe dort eine Kleinigkeit zu erledigen und könne uns dafür Großes versprechen. Hniezdné, wie der Ort mittlerweile hieß, lag zwar in der Oberzips, zwischen Podolínec und Stára Ľubovňa, also an einer Strecke, die wir schon kannten, aber mit einem Melancholiker an die Stätten seiner Kindheit zu fahren, ist immer ein verlockendes Angebot, und darum nahmen wir es an und verließen den Frühstücksraum, gerade als eine Anzahl von Vladis Schülern ihn betrat, um nach den übermüdeten Prostituierten zu schielen. Wir fuhren eine gute Stunde, in der uns Vladi Kniesen abwechselnd in prächtigen und düsteren Farben schilderte. Vor dem Krieg hatten dort hauptsächlich Zipser Deutsche gewohnt, die zweitgrößte Bevölkerungsgruppe waren noch vor den Slowaken die Juden gewesen. Jetzt lebten in Hniezdné rund 1400 Leute, davon wohl die Hälfte Roma und, wenn man der Volkszählung aus dem letzten Jahr glauben wollte, zwölf Deutsche und kein einziger Jude mehr.

»Die ganze Kindheit haben sie mir verleidet, weil ich immer den Nazi spielen mußte. Da gab es nix. Wenn wir Krieg gespielt haben, und das war unser liebstes Spiel, dann waren die slowakischen Buben immer die russischen Soldaten, und ich mußte immer der Nazi sein. Die haben mir überhaupt keine Chance gelassen, daß ich auch einmal der Russe hätte sein dürfen, der die Deutschen verjagt!

– Ja, aber waren die Russen denn beliebt, damals, das muß doch schon Anfang der sechziger Jahre gewesen sein?

– Ach wo, die waren verhaßt! Nur nicht beim Kriegspielen, weil sie hatten den Krieg ja gewonnen. Ich glaube, in der ganzen Slowakei hat es außer ein paar fanatischen Buchgelehrten und ein paar begeisterten Arbeitern in den Kombinaten überhaupt keine Kommunisten gegeben.

– Merkwürdig, in Tschechien ist es mir genau umgekehrt erzählt worden, daß eigentlich nur die Slowaken Kommunisten waren und die Tschechen nicht.

– Meine liebe Seele, was die Tschechen zusammenlügen, geht auf keine Kuhhaut. Das muß am Klima liegen, weil die Tschechen sind den Sudetendeutschen viel ähnlicher als den Slowaken, und die Sudetendeutschen waren zu uns immer so wie die Tschechen zu den Slowaken: arrogant, die größeren Brüder, wußten alles besser.

– Schade, daß das jetzt nicht die Tschechen und die Sudetendeutschen hören können!«

Vladi geriet richtig in Fahrt, wenn er über dieses Thema sprach. Tatsächlich waren die führenden Politiker, die die karpatendeutschen Vereine, namentlich die »Karpatendeutsche Partei«, in den dreißiger Jahren zuerst auf deutschnationale, dann auf faschistische Linie brachten, aus dem Sudetenland zugewanderte Berufsfunktionäre gewesen. Der oberste Repräsentant der Karpatendeutschen während des Zweiten Weltkrieges, während jener Jahre der vermeintlich unabhängigen Slowakei, hieß Franz Karmasin und stammte aus Olmütz. Er war erst 1926 in die Slowakei übersiedelt, um den lahmen Preßburgern und Zipsern deutsche Mores zu lehren, später hat er seinen Namen unter unzählige verbrecherische Dekrete gesetzt.

Als er für sie hätte geradestehen müssen, hat er sich mit der Wehrmacht abgesetzt, nicht ohne zuvor in Preßburg öffentlich einen »Treueeid auf Adolf Hitler« abzulegen, im Namen aller Deutschen der Slowakei, was die zurückbleibenden Deutschen im Hauerland und in der Zips den slowakischen Partisanen und der einmarschierenden Roten Armee geradezu ans Messer lieferte. Karmasin hielt sich mit seinem Treueeid in der späteren Bundesrepublik Deutschland fern von den Landsmannschaften der Karpatendeutschen, denen er so schweren Schaden zugefügt hatte, und entdeckte stattdessen sein Sudetendeutschtum wieder, amtierte als Geschäftsführer des Witiko-Bundes in München und sank, in der Slowakei in Abwesenheit zum Tod verurteilt, in Deutschland für seine Verbrechen niemals belangt, mit hohen Auszeichnungen des Dritten Reiches und diversen Verdienstorden der Bundesrepublik bedacht, in hohem Alter als geachteter Mann ins Grab, bis zuletzt für Wiedergutmachung, Rückkehrrecht, finanzielle Entschädigung und ein Europa fechtend, in dem deutscher Geist von seinem Ungeist herrschen möge.

Die Karpatendeutschen, sagte Vladi, wären nur im Mittelalter wohlhabend gewesen und hätten schon im 19. Jahrhundert meist in bescheidenen Verhältnissen gelebt, was die hohe Zahl von Auswanderern belege. Unter den viel zahlreicheren Sudetendeutschen hingegen gab es Großbauern und Großbürger, reiche und wohlhabende Leute. Darum hätten die Karpatendeutschen nach 1945 auch niemals auf Entschädigung geklagt oder finanzielle Wiedergutmachung verlangt, ihnen wäre es genug gewesen, wenn das Unrecht – daß sie, die angestammte deutsche Minderheit im Lande, mit dem Dritten Reich und seinem slowakischen Vasallenstaat identifiziert wurde – als Unrecht anerkannt und benannt worden wäre. Die Sudeten hingegen, meine liebe Seele ... das waren immerhin über drei Millionen Menschen gewesen, und darunter gab es natürlich welche, die viel, sehr viel hatten, Großbauern, Großbürger, und die wollten am liebsten alles zurück, jede Bratpfanne und noch das Stück Fleisch darin! Vor dem Krieg schickten sie Legionen von Lehrern in die Zips, ins Hauerland, ins Bodvatal, die den liederlichen Potoken und Mantaken, diesen verweichlichten, halb schon slawisierten »schlafenden Deutschen« ein deutsches Morgenlicht stecken sollten, wie die Schwester von Rudolf Hess, die ein paar Jahre ausgerechnet nach Kniesen gekommen war, um in der Volksschule deutsches Volkstum wieder zu erwecken.

In Hniezdné führte uns Vladi zuerst zum Friedhof hinauf, der an einem steilen Hang über dem Ort lag und zu Fuß auf dem eisigen Weg kaum zu erreichen war. Als wir keuchend oben anlangten, mußten wir unter den im Wind rauschenden Zypressen ein paar Minuten innehalten, bis wir wieder bei Atem waren, Vladi uns die Gräber seiner Vorfahren zeigen konnte und uns auf etwas aufmerksam machte, was uns ohnehin nicht verborgen geblieben war, daß hier nämlich lauter Leute lagen, die Raab, Oswald, Krull, Klein, Fürst oder Kraus geheißen hatten. Beim Grab der Familie Danilovits, über das sich der schwer mit Schnee und Eis beladene Ast eines Nadelbaumes neigte, erzählte uns Vladi, wie es seit jeher war mit der Wanderung der europäischen Völker.

Ein Branko Danilović war im 19. Jahrhundert von der k. u. k. Postdirektion aus Agram in die Zips versetzt worden, war es doch eine kluge Praxis der Habsburger, die hohen Beamten und Militärs immer dorthin zu beordern, wo andere Volksgruppen die Mehrheit stellten und so in den staatstragenden Schichten einen Patriotismus zu fördern, der sich auf das Kaiserhaus und die übernationale Bürokratie, nicht auf den Stolz, die Empörung und Selbstüberhebung von einzelnen Nationen und Nationalitäten bezog. Natürlich wurden aus den kroatischen Danilović irgendwann slowakische Danilovits, aber weil sie im Verdacht standen, schon von Kroatien her eigentlich der deutschsprachigen Bevölkerungsgruppe zuzuneigen, galten sie 1944 als Deutsche und wurden mit all den anderen Deutschen von der Wehrmacht aus Kniesen evakuiert. Sie landeten wie so viele Zipser dieser Gegend nicht im Westen, sondern in Mecklenburg-Vorpommern, und dort, in der sowjetischen Besatzungszone und späteren DDR, war es den Vertriebenen völlig unmöglich, sich in Landsmannschaften zu organisieren oder auch nur ein öffentliches Zeichen ihrer Existenz zu geben. Das letzte, was er von den kroatischen Nachkommen des k. u. k. Postamtsleiters hörte, die die Slowakei als Deutsche verlassen hatten müssen, war, daß sie als Danilowitsch in Ostberlin lebten und sich dort, wie es bei ihnen seit jeher üblich gewesen war, als treue Staatsdiener bewährten.

Bei ihnen, sagte Vladi, als wir vor dem Haus standen, in dem er aufgewachsen war und das nicht wirkte, als hätte es darin je besonders heimelig zugehen können, hatten sie Deutsch nur in der hinteren Stube gesprochen, die von der Straße her nicht einzusehen war, dort, wo sie auch Fasching feierten, ein Fest, das die Slowaken nicht kannten und das ihnen als typisch deutsch verdächtig war. Später, im Gymnasium, war seine Klasse einmal ins Hauerland gefahren und hatte dort Kremnica besucht, mit der Katharinen-Kirche, der Bergknappen- und der Pfaffenbastei, jenem einmaligen Ensemble einer mittelalterlichen Bergbaustadt. Keine Tafel, kein Hinweis, nicht die geringste Erklärung im Kunstführer oder in der Stadtchronik hatten den Stolz des slowakischen Lehrers auf dieses Kleinod slowakischen Städtebaus getrübt, dabei stammte buchstäblich alles, was an dieser Stadt bedeutsam, schön, einzigartig war, aus jener Ära, da sie als das »Goldene Kremnitz« in ganz Europa berühmt und eine reiche Stadt sächsischer Knappen war.

Den Namen »Hauerland«, erzählte Vladi, habe er erst um 1990, nach der Wende, zum ersten Mal in seinem Leben gehört, und daß Kremnica, Banská Stiavnica und Banská Bystrica ihre noch heute beachtliche Schönheit jener Zeit verdankten, als sie das »Goldene Kremnitz«, »Silberne Schemnitz« und das »Kupferne Altsohl« hießen und deutschsprachige Knappen und Bergbauingenieure Erze aus den Stollen der Berge förderten, die nach halb Europa verkauft wurden, das war ihm damals völlig unbekannt. Besondere Mühe, die Geschichte jener Städte bekannt zu machen, zu deren Schönheiten sie den internationalen Tourismus in ihr Land zu leiten gedachten, konnte man den slowakischen Fremdenverkehrsverbänden allerdings auch jetzt noch nicht nachsagen. Gelangt man in Kremnica aus der Unter- in die Oberstadt und betritt das ausgedehnte Gelände von Burg und Katharinenkirche, wird man auf slowakisch, tschechisch, englisch und italienisch über alle Details des Kircheninneren und Burgaufbaus belehrt, nur nicht auf deutsch und nicht über die unbestreitbare Tatsache, daß diesen Reichtum zum Lobpreis Gottes und zur Ehre ihrer Zünfte die Hauerländer Knappen aus Bayern, Franken, Schwaben zusammengetragen hatten.

Als sollten die Slowaken und die Besucher der Slowakei über die Geschichte des Landes vorsätzlich im unklaren gehalten werden, war über längst vergangene Epochen ein merkwürdiges Verschweigen wichtiger Dinge, ein schamhaftes Aussparen heikler Angelegenheiten verhängt. Wer mochte immer noch fürchten, daß es die nationale Ehre der endlich wieder selbständigen Slowakei minderte, wenn bekannt würde, daß seit mehr als tausend Jahren Menschen aus dem Osten und dem Westen hierher kamen, um ihre religiöse Freiheit zu finden, Handel über die Grenzen hinweg zu treiben und arbeitend ihr Glück zu machen?

7

Wer die Zips von West nach Ost durchquert, wird es meist auf der großen Straße tun, die Poprad mit Spišské Podhradie verbindet, und von dort, am Ausgang der Zips weiter in die ostslowakischen Städte Prešov und Košice führt. Der Zipser Teil dieser Strecke überschneidet sich teilweise mit einem alten Handelsweg, der früher Via Magna hieß und deren wichtigste Station das alte Leutschau war.

Nachdem wir Poprad, das Hotel Gerlach mit seiner gleichmütigen Belegschaft, dem illusionistischen Salóniki, Vladi mit seiner Melancholie, die Huren mit ihrer Müdigkeit und die Gymnasiasten mit ihrer feixenden Unruhe verlassen hatten, trafen wir um die Mittagsstunde in Leutschau ein. Das heutige Levoča erwies sich als geschäftige, rund 15 000 Einwohner zählende Stadt am Südhang der Levočsaé vrchy, der Leutschauer Berge, weitläufig von den Resten einer alten Wehranlage umgeben, mit einem ausgedehnten, durch das geschlossene Rund seiner Bürgerhäuser beeindruckenden Hauptplatz, den die Jakobs-Kirche, eines der bedeutendsten Bauwerke des Slowakei, dominiert. Deren großräumige Halle wird einerseits von den Legenden und Geschichten bestimmt, die die einzigartigen, die Kirche in ihrem Inneren nahezu umrundenden Wandmalereien erzählen, und andrerseits von den insgesamt fünfzehn, mehrheitlich gotischen Altären, worunter der Hauptaltar herausragt, nicht nur weil er mit seinen fast zwanzig Metern der höchste gotische Altar der Welt ist. Dieser und mindestens fünf andere Altäre sind von dem berühmten, in seiner persönlichen Lebensgeschichte gleichwohl nahezu anonym und rätselhaft gebliebenen Meister Paul von Leutschau geschaffen worden, der zu den größten Schnitzmeistern der europäischen Kunstgeschichte zählt und am Marktplatz im Haus mit der Nummer zwanzig wohnte.

Leutschau war eine der ältesten und lange Zeit bedeutendsten Zipser Städte, 42 Zünfte und elf Bruderschaften hatten in dieser kleinen Metropole des Handwerks, der Kunst und des Handels ihren Sitz. Bis nach Venedig reichten die Geschäftsverbindungen, und wer mit Venedig Handel trieb, war mit der ganzen Welt in Verbindung. Wie immer in der Zips ist auch in Leutschau der Name mit einer Legende verbunden, und diese besagt, daß der Ort so schön gewesen sei, daß die Bewohner sich den Anblick nicht durch Gewohnheit abstumpfen, sondern sich täglich an ihm erfreuen wollten, indem sie einander aufforderten: Leute, schaut!

Viele Kulturinteressierte schauten sich auch an diesem Wintertag in Levoča um, Einzelreisende, Reisegruppen, zumal der Hauptplatz mit der mächtigen Kirche, den von Wohlstand zeugenden Bürgerhäusern, dem massiven Rathaus, dem Denkmal Ljudevit Sturs für jeden etwas zu bieten schien. Stur, der 1856 vierzigjährig starb, war eine Persönlichkeit, wie es sie in dieser Einzigartigkeit in jeder der kleinen ost- und südosteuropäischen Nationen einmal, aber eben nur einmal, gibt, ein Genie, wie aus dem Nichts gekommen, das als Lyriker, Erzähler, Grammatiker, Sprachforscher, Philologe die slowakische Schriftsprache begründete, sie in seiner Kunst sofort zu feiner Blüte entfaltete und in gewissem Sinne die slowakische Nation in ihrer Sprache geradezu erschuf. Als ihn die

Habsburger in Bratislava mit Lehrverbot belegten, zog er nach Levoča, und ihm folgte ein Anzahl seiner begabtesten Schüler.

Es gibt einen Moment des Kippens in der langen, widersprüchlichen Geschichte der Ungarn, Slowaken und Deutschen »Oberungarns«, und Levoča, Ljudevit Stur und seine Schüler haben mit ihm zu tun. Das evangelische Lyzeum, in Leutschau ursprünglich als deutsche Bildungsanstalt gegründet, wurde im 19. Jahrhundert zur Wiege des slowakischen Nationalbewußtseins. In dieser Anstalt geschah es, daß Lehrer und Schüler zum ersten Mal die spätere slowakische Nationalhymne intonierten, »Über der Tatra blitzt es«, ein Aufruf an die Menschen des Landes, sich stolz als Slowaken und Angehörige der künftigen Staatsnation zu begreifen, eine Attacke wider die ungarischen Magnaten, welche von der reichlich anwesenden Geheimpolizei umgehend nach Wien und Budapest rapportiert wurde. Heute werden die Ränder der Stadt, die einst das Herz der deutschen Zips war, später die Wiege der slowakischen Nation, von Roma bewohnt. Um deren Viertel des Verfalls machen die proper gehaltenen, gut ausgeschilderten Zufahrtsstraßen, die alle auf den großzügigen, in seinen Maßen und seinem Ebenmaß überwältigenden Hauptplatz führen, ihren großen Bogen.

Eine Stunde lang führte uns der Kunsthistoriker, der uns vor dem Pranger, in dem im geordneten Mittelalter die Ehebrecherinnen dem Gespött preisgegeben wurden, angesprochen hatte, durch die Kirche und erklärte uns die wichtigsten Altäre: den Hauptaltar mit seinen überdimensionalen Flügeln, auf denen Johannes, Jakobus und Maria in Überlebensgröße zu sehen waren, neben ihnen aber auch die Aposteln, von denen mir Judas im Schmerz seines Verrates künstlerisch am ergreifendsten gestaltet schien, sodann den Johannes-, Nikolaus- und Csáky-Altar; Aberdutzende Märtyrer sind hier zu sehen, auf jene spätgotische Weise erfaßt, die den Menschen höchst individuell und realistisch zeigt, aber zugleich entrückt, wie aller Erdenschwere enthoben. Der beredte Kunstführer, der uns für all dies die Augen öffnete und in kurzen historischen Exkursen erklärte, was anders nicht zu verstehen gewesen wäre, war in unserem Alter und mit ärmlicher Eleganz gekleidet, hatte den ins Graue erloschenen Haarschopf des Schöngeists und verbat es sich, daß wir ihn für seine sachkundige Führung entlohnten. Das einzige, worum er uns nach der Führung durch diese Kirche mit ihren Altären des Schmerzes und des Mitleidens bat, erschütterte uns: Er wollte nämlich nichts anderes haben, als daß wir die Bettler, die vor der Kirche auf uns warteten, nicht beachteten, denn es wären nur Roma, die mit Stehlen und Betrügereien mehr verdienten als ein anständiger Slowake mit ehrlicher Arbeit.

Ostwärts von Levoča ist es nicht weit bis nach Spišské Podhradie, jenem kleinen, halb verfallenen Städtchen, das einst Kirchdrauf hieß und heute wie ein Haufen Steine in der Senke zwischen zwei mächtigen, den Ort hoch überragenden Bauwerken hingeworfen liegt. Westlich des Haufens erhebt sich das Zipser Kapitel, ein ausgedehnter geistlicher Bezirk für sich, bestehend aus einem Benediktinerkloster, der mächtigen Kathedrale des heiligen Martin, dem erzbischöflichen Seminar, einem Jesuitengymnasium und dem Domkapitel für die hohen Kleriker. Von hier aus wurde die Zips religiös verwaltet, zuweilen beherrscht, von dieser ummauerten, am Plateau eines Hügels errichteten theokratischen Priesterstadt, die mit dem Ort, der ihr zu Füßen liegt, nicht viel, sehr viel aber mit den geistigen und weltlichen Dingen überall in der Zips zu tun hatte.

Rund vier Kilometer von diesem einschüchternden Klosterkastell entfernt liegt auf dem gegenüberliegenden Berg, auf der anderen Seite des unansehnlichen Steinhaufens, die Zipser Burg, Spišsky hrad, noch als Ruine imposant und von gewaltiger Machtfülle derer zeugend, die sich hier über die Jahrhunderte verschanzten, das Land überschauend, den Verkehr kontrollierend, die ungarischen Könige des frühen Mittelalters, die Adelsgeschlechter der Zapolya und später der Csáky und Thurzo. Burg und Kapitel, die einander seit Jahrhunderten gegenüberliegen, sind von der Unesco 1993 zum Weltkulturerbe ernannt worden, während die Gemeinde, die in der Senke zwischen den beiden Gebäudekomplexen verfällt, das deutsche Kirchdrauf einst, eine Roma-Gemeinde heute, sich uns in jenem Februar 2002 in trostlosem Verfall zeigte. Mitten in diesem Ort, beobachtet von Dutzenden gelangweilt nach einer ungewissen Zukunft Ausschau haltenden Roma, machten wir Rast in einem winzigen Park, der keine dreißig Meter lang und vielleicht acht Meter breit war: Keinen Flecken Erde hatte ich je gesehen, der auf so geringer Fläche mit einer so großen Anzahl von Mistkübeln bestückt war. Es schien, als würde die Gemeindeverwaltung hier einen symbolischen Kampf gegen die Achtlosigkeit, Gleichgültigkeit führen, mit der die neuen Bewohner von Spišské Podhradie, die Roma, ihre eigene Stadt verfallen ließen.

In einem Bericht zur Lage der Menschenrechte in der Slowakei hatte ich gelesen, daß in Spišské Podhradie die Stadtregierung vor ein paar Jahren per Erlaß den Roma unter den Stadtbewohnern verboten hatte, zwischen zehn Uhr abends und fünf Uhr früh ihre Wohnungen zu verlassen. Die Ausgangssperre zu Zeiten, da weder Bürgerkrieg noch nationaler Notstand herrschten, wurde eine Zeitlang praktiziert, bis sie über Romahilfswerke ruchbar wurde. Da solche Verletzungen der Menschenrechte einem Beitritt der Slowakei zur Europäischen Union eventuell hinderlich sein könnten, wurden die re-

Straßenszene in Levoča

gionalen Politiker von der Regierung in Preßburg beauftragt, das, was immer noch ganz ungeniert »das Romaproblem« genannt wird, auf andere Weise zu lösen. Wie in so viele Gebiete waren die Roma auch nach Spišské Podhradie nicht aus eigener Wahl oder besonderer Vorliebe gekommen, sondern hier zwangsweise seßhaft gemacht worden, sodaß es ihnen schwer fiel, ihrer Umgebung pflegliche Zuneigung angedeihen zu lassen. Wie in so vielen Gebieten waren es auch hier die Roma, die von der Stillegung sozialistischer Industriekombinate am meisten betroffen waren und, mit ihrer mangelnden Ausbildung, arbeitslos auf der Straße standen, wobei, was sonst oft bildlich gemeint ist, hier seinen konkreten Sinn hat: Die Hälfte der Einwohnerschaft schien tatsächlich auf der Straße zu stehen, zu warten, einfach auszuharren, bis es Nacht wurde; und wie auch anderswo war der urbane Verfall nicht dadurch aufzuhalten, daß man den Roma, ohne sie nach ihren Wünschen, Bedürfnissen, Interessen gefragt zu haben, in hübsche, neue Wohnblöcke umsiedelte und dafür noch Dankbarkeit von ihnen erwartete.

Und doch, so schlecht es für uns um Spišské Podhradie zu stehen schien, der Ort hatte das Schlimmste angeblich bereits hinter sich. Ein Mann, der wie der ältere Bruder des Kunsthistorikers aus Levoča aussah, auch er mit einem grauen Haarschopf, war uns auf der langen, zum Zipser Kapitel hinaufführenden Straße entgegengekommen und hatte in gutem Deutsch mit rollendem Akzent gefragt, ob er uns, die wir unschlüssig herumstanden, helfen könnte. Dieser Ingenieur, der einen kleinen weißen Hund spazierenführte, war buchstäblich der erste Slowake, den wir trafen, der, auf die Roma angesprochen, über sie nicht sogleich zu schimpfen begonnen hatte. Da und dort wären ihre Gemeinschaften in ein Stadium der Selbstzerstörung übergegangen, sagte er, und darum sei es schwierig, ihnen einen Platz in der slowakischen Gesellschaft zu geben. Der bedächtig argumentierende Mann meinte, daß langsam, sehr langsam die verantwortlichen Regionalpolitiker erkannten, daß sie nichts für die Region tun konnten, solange sie nicht bereit waren, es auch mit den Roma zu tun. Jedes noch so schöne Aufbauwerk – etwa im Tourismus – störten diese durch ihre schiere Anwesenheit, die tausendfache Anwesenheit dunkler, zum Großteil unverschämt junger und die meiste Zeit des Tages untätig auf den Straßen herumstehender Menschen. Und jedes wohlmeinende Projekt, das sie ruhigstellen oder ihnen auch wirklich helfen sollte, war zum Scheitern verurteilt, wenn es nicht mit ihnen, nach langen, zermürbend anstrengenden Gesprächen und schwierig zu erreichenden Vereinbarungen, ins Werk gesetzt wurde.

Warum er so gut Deutsch sprach, fragte ich den Ingenieur, der mir gleich den ganzen trüben Tag und dieses schwierige, seiner selbst immer noch so unsichere Land in milderem Licht erscheinen ließ. Er hatte es bei der letzten Jüdin von Kirchdrauf gelernt, antwortete er, die vor ein paar Jahren drunten, im verfallenden Dorf, verstorben war. Als sie aus dem Konzentrationslager zurückkehrte, fand sie nicht nur keine deutschen, ungarischen oder slowakischen Juden mehr im Ort vor, sondern auch kein Zipserdeutsches Bürgertum mehr, mit dem sie auf deutsch hätte konversieren können, und deswegen habe sie sich den slowakischen Buben aus dem Nachbarhaus ausgesucht, um es insgeheim mit ihm zu tun.

Es war wie in einem mir schon lange bekannten und als klischeehaft abgewehrten Film, als der sechzigjährige slowakische Ingenieur uns Schillers »Bürgschaft« vorzutragen begann, mit dem Ernst des Kindes, das etwas brav auswendig Gelerntes endlich aufsagen durfte. Aber manche Klischees haben einen Stachel, der aus der Wirklichkeit emporragt, und die letzte Jüdin von Kirchdrauf hatte dem slowakischen Buben, da sie die letzte Repräsentantin der deutschen Kultur in Spišské Podhradie geworden war, tatsächlich Deutsch mit Friedrich Schiller beigebracht. »Kommen Sie in fünf Jahren wieder«, sagte er, schon halb auf seinem Weg, den ihm der kleine, ungeduldig springende Hund wies, »dann werden wir sehen, ob hier wieder eine Stadt steht, die eine Stadt ist.« Oder ob sich, zwischen den hochragenden architektonischen Zeugnissen des Weltkulturerbes, ein Roma-Slum ausgebreitet hat, einer von rund 300, die es in der Slowakei gibt, und der gerade hier keinen sehr einnehmenden Eindruck auf das internationale Publikum machen würde.

Wir fuhren von Spišské Podhradie südwärts den Tälern und Hügeln der Unterzips entgegen, und der Weg ins Zentrum der Unterzips, nach Spišská Nová Ves, dem einstigen Zipser Neudorf, war gesäumt von einem Slum nach dem anderen. Kleine Plattenbausiedlungen, die kein einziges Fenster hatten, Holzhütten, aus denen Ofenrohre durch das fehlende Fensterglas direkt nach draußen rauchten, unzählige Menschen auf den Straßen, im Matsch vor ihren armseligen Behausungen, die uns zuwinkten, zu sich winkten oder mit bösen Gesten fortzuscheuchen suchten. Südlich den Stätten des Kulturerbes war eine merkwürdige Erbschaft zu bestaunen: Das Gleichgewicht der Nationalitäten, über die Jahrhunderte austariert, war gekippt. In einer seltsamen, von den nazistischen Strategen der ethnischen Säuberung, der rassischen Neuordnung Europas niemals erahnten Folgerichtigkeit waren dort, wo die Juden ausgetrieben oder der Vernichtung zugeführt worden waren, auch kaum mehr Deutsche, richtiger: nur mehr versprengte, ihres kulturellen Zusammenhalts verlustig gegangene Deutsche zu finden. Und überall dort, wo jene Deutschen nicht mehr zu finden waren, von denen die alten Chroniken, Landkarten, Bücher erzählten, hausten jetzt Roma, die hier gar nicht leben wollten und dafür, daß sie es trotzdem mußten, gleichermaßen von allen, von Ungarn, Slowaken, Deutschen verachtet, ja gehaßt wurden, die sich selbst für kultivierte Europäer hielten und die dunklen Gestalten in ihrer Mitte, da Adolf, der Idiot, vergessen hatte, sie in der Slowakei auszurotten, am liebsten nach Indien ausgetrieben hätten.

8

Von Dr. Dezider Martinko hatten wir schon viel gehört. Selbst Vladi, der uns von den karpatendeutschen Honoratioren fernzuhalten versuchte, weil er um den bescheidenen Eindruck wußte, den sie in ihrer Großmannssucht zu machen pflegten, hatte uns empfohlen, diesen alten Mann, den Grandseigneur der Zipser Deutschen, zu besuchen. Unter vielen Vereinsmeiern, die sich jetzt wieder in radebrechendem Deutsch als Deutsche aufzuspielen begannen, galt er als Mann von Bildung und Kultur und von urbanem, weltmännischen Zuschnitt. Wir waren für elf Uhr vormittag verabredet; erst später begriffen wir, daß dem alten Herrn ein Mittagessen in dem ersten Restaurant der Stadt, in das er uns bestellt hatte, viel zu teuer gewesen wäre. Als wir ihn, da sich unser Gespräch bis in den Nachmittag hinzog, endlich einluden, doch mit uns Hungrigen gemeinsam etwas zu essen, meinte er nur, daß er in einem Alter sei, in dem man anderen, die dabei mit Freude zu Werke gingen, gerne zuschaue, aber selber nur mehr geringen Appetit verspüre.

Dr. Martinko war Jahrgang 1916, ein Sachverhalt, den er mit den Worten umspielte: »Als ich in Zipser Neudorf das

Licht der Welt erblickte, geruhte der Kaiser in Wien die Augen für immer zu schließen.« Zipser Neudorf war lange im Schatten von Käsmark und Leutschau, den prächtigen Städten der Zips, gestanden, aber im 19. Jahrhundert, mit der Entwicklung industrieller Techniken im Bergbau und dem Aufbau eines Eisenbahnnetzes, war die alte Ansiedelung zum Zentrum der Unterzips geworden. Südlich der Stadt reihten sich die Bergwerke, und Zipser Neudorf, längst kein Dorf, sondern eine Stadt, wurde der Umschlagplatz für Erze aller Art.

Wir waren im Café-Restaurant Redoute verabredet, einem einstigen Theater und schönen Bau im Sezessionsstil, der auch in Wien hätte stehen können, aber gleich hinter der katholischen Kirche auf dem langgezogenen, spindelförmigen Hauptplatz von Zipser Neudorf stand. Der Hauptplatz wurde von zwei Straßen begrenzt, von denen die eine, die nördliche, im ewigen Schatten liegt und folglich Winterstraße hieß, während die südliche der Sonne wegen, die den ganzen Tag über auf die Fassaden der prächtigen Bürgerhäuser fällt, früher deutsch die Sommerstraße genannt wurde und heute slowakisch entsprechend Letná heißt. Wir trafen im Café Redoute auf einen vornehmen Herren, der sich mit seinen 85 Jahren mühelos aus dem Sessel erhob, um uns stehend zu begrüßen, sich kerzengerade hielt, bis wir Platz genommen hatten, und sogleich aufs liebenswürdigste zu parlieren begann. Sein Deutsch schien nach Prag zu weisen, doch hatte er dort nur ein Jahr studiert, oder eben, wie er gestand, nicht studiert, weil das Leben in Prag zu interessant gewesen sei, sodaß er von seinen Eltern zum Weiterstudium nach Preßburg beordert wurde, wo es damals so langweilig war, daß er nicht anders konnte, als sich in kürzester Zeit ein Doktorat in Jura zuzuziehen.

Von den Aktivitäten der karpatendeutschen Ortsgruppen hielt er nicht viel, obwohl er selber fortwährend irgendwo als Ehrengast eingeladen war. Überall in Europa, wo ich mit Repräsentanten nationaler Minderheiten zusammentraf, bekam ich es mit zwei grundverschiedenen Typen zu tun: Die einen versuchten die Bedeutung der eigenen Volksgruppe aberwitzig aufzubauschen, sprachen von 300 000 Menschen, wo es vielleicht noch 30 000 waren, die sich ihr bereitwillig zurechnen mochten; die anderen hingegen faßten den Begriff der eigenen Minderheit rigide, sodaß sie viele, die sich ihr selber zugehörig fühlten, gar nicht mehr als echte Angehörige ihrer besonderen religiösen, sprachlichen, kulturellen oder ethnischen Gruppe anzuerkennen bereit waren. Martinko gehörte zur zweiten Gruppe.

In Zipser Neudorf hatten die Deutschen, erzählte er, bis ins 19. Jahrhundert die Mehrheit gestellt, ehe sie von den Slowaken majorisiert wurden. Zur Jahreswende 1944/1945 wären sie noch rund 1800 Deutsche gewesen, die von der Wehrmacht aus Zipser Neudorf evakuiert wurden, er selbst sei beispielsweise bis nach Kitzbühel gekommen. Ein paar Monate später, in den Wirren zwischen Krieg und Frieden, hatte sich aber die Nachricht verbreitet, daß die neue slowakische Regierung die geflüchteten Karpatendeutschen zur Rückkehr aufgefordert habe. So sei er also in die Zips zurückgekehrt, wo sich die Lage allerdings gerade geändert hatte, sodaß die aus Bayern oder Österreich Zurückgekehrten zusammen mit den aus dem Sudetenland von den Tschechen Zurückgetriebenen sofort in Lager gesteckt und von dort erst recht außer Landes gejagt worden seien. Er selbst aber war, statt sich an einer Sammelstelle einzufinden, in denen es, wie in Nováky, auch zu Massakern gekommen war, in die Dörfer hinausgezogen, wo er sich als Landarbeiter verdingte und, da er perfekt Slowakisch sprach, nicht weiter auffiel. 1947 gingen die letzten Transporte, die ganze Zipser Gemeinden in die amerikanische oder sowjetische Besatzungszone Deutschlands verfrachteten, auf den Weg. Wer danach als Deutscher noch im Lande war, durfte sich zwar nicht als solcher zu erkennen geben, mußte aber auch nicht mehr bangen, daß ihm nachgespürt wurde. In den fünfziger Jahren, sagte Martinko, war es seltsam, wenn man auf dem Hauptplatz sonntags spazierenging. Man begegnete Leuten, mit denen man vor dem Krieg befreundet gewesen war und die man jetzt nicht grüßte, mit denen man kein Wort wechselte, weil sie, so wie man selber, der geheimen, der verbotenen Nationalität angehörten und oft Kinder hatten, die gar nicht wußten, daß ihre Mutter oder ihr Vater dem Volk der Faschisten entstammte.

Bei der Volkszählung von 2001 gaben sich von den 30 000 Bewohnern von Spišská Nová Ves wieder gezählte 104 als Deutsche aus, aber Dr. Martinko lamentierte nicht, daß diese Zahl bejammernswert klein sei, sondern sagte barsch:

»Viel zu viele! Da haben sich welche einfach als Deutsch eingetragen, bloß weil ihre Großmutter Mantakisch gesprochen hat. In Wahrheit sind wir vierzig. Höchstens vierzig, die sich auf deutsch noch wirklich ausdrücken können.«

Kein Zweifel, der launige alte Herr hatte seine eigene Art, Nationalitäten zu zählen und auch, sie zu bewerten. Von seiner Familie sagte er, daß der Urgroßvater noch ein slowakischer Bauer gewesen wäre. Der Großvater aber habe erkannt, daß die deutsche Kultur die höher entwickelte gewesen sei, und deswegen beschlossen, so gut es für einen Slowaken eben ging, ein Deutscher zu werden und seinen Sohn zum vorbildlichen Deutschen zu erziehen.

»So geht das, wissen Sie! Der Urgroßvater ein reiner Slowake. Der Enkel deutsch bis in die Knochen!«

Wir tranken Kaffee, saßen im Plüsch eines Salons der vorletzten Jahrhundertwende versunken und staunten, wie sich dieser alte Mann die Welt erklärte. Urgroßvater hin oder her, von den Slowaken hielt Dr. Martinko nicht viel. Die hätten niemals in Freiheit gelebt, und das wäre nicht nur kein Zufall, sondern für sie selber das Beste gewesen.

»Wenn du einem Slowaken beide Hände frei läßt, erwürgt er dich. Die Ungarn haben es aber zu toll getrieben und ihnen sicherheitshalber gleich beide Hände gefesselt. Und brauchen nicht *Schkandal* zu schreien, wenn die slowakische Regierung sich jetzt nicht zur Angelobung in Budapest aufstellt und sagt: Bitte, bitte, wieder fesseln!«

1947 tauchte Martinko, dieses Inbild eines städtischen Menschen, aus den Dörfern um Spišská Nová Ves wieder auf. Die Stadt, in den letzten Kriegswochen in den Kämpfen zwischen Wehrmacht und Roter Armee bis auf den Hauptplatz in Schutt und Asche gelegt, war eine andere geworden. Daß er je wieder als Jurist würde arbeiten können, daran war bei ihm, einem »national und klassenmäßig unzuverlässigen Element«, nicht zu denken. Also fuhr er wie Tausende in dieser Gegend in den Berg, wurde Bergarbeiter, der in den Stollen südlich der Stadt Kupfer schürfte. Er begann ein Fernstudium für Bergbau und lernte Russisch, weil die Ersatzteile für die Maschinen von russischen Firmen geliefert wurden und es damit nie richtig klappte. Mit 45 war er Bergbauingenieur und wußte aus der Tatsache, daß seine Vorgesetzten inkompetent waren, weil sie ihren Posten nicht fachlicher, sondern politischer Ausbildung verdankten, das Beste zu machen. Martinko war stets ein glühender Antikommunist, aber auch in einer schlecht geführten Fabrik habe ein normaler Mensch doch den Wunsch, seine Zeit nicht einfach damit zu verbringen, Schrott herzustellen!

Daß seine Chefs vom Bergbau nichts verstanden und ewig auf Kadersitzungen waren, hatte den Vorteil, daß sie ihn und ein paar andere gewähren ließen. Mitte der sechziger Jahre war ihre Hütte so profitabel wie nie zuvor. Dutzende Delegationen aus den sozialistischen Bruderstaaten habe er mit seinen ahnungslosen Vorgesetzten durch das Fabrikgelände geführt, die Leiter der Delegationen seien meist die gleichen Idioten wie seine Chefs gewesen, und meist hatten sie ein paar fachkundige Leute, die sich im Hintergrund hielten, mit dabei, gerade so wie es auch in ihrem Kollektiv der Fall war.

Einmal aber habe er auch eine österreichische Delegation begleitet, mit hochqualifizierten Ingenieuren, professionellen Managern und richtigen Kapitalisten sowie einem bescheidenen Mann, der sich gleich zu ihm in die dritte Reihe gestellt und an ihn ein paar interessierte, verständige Fragen gerichtet habe. Als sie aus dem Schacht fuhren, wurde diesem Mann von einem Mädchenchor ein Lied dargeboten und ein Blumenstrauß überreicht, denn bei dem sympathischen Mann, der sich ausgerechnet mit ihm, dem überzeugten Antikommunisten, so angenehm unterhalten hatte, handelte es sich um den Vorsitzenden der Kommunistischen Partei Österreichs, Franz Muhri, also um so etwas wie den nächsten Staatspräsidenten eines Nachbarlandes, welchem es nach tschechoslowakischem Vorbild aber erst gelingen mußte, das kapitalistische Joch abzuschütteln.

Den Deutschen in der Slowakei gab Dr. Martinko keine Zukunft mehr. Seine Tochter lebte in Österreich, seine Enkelin war Oboistin in einem Orchester im holländischen Utrecht. Aber auch für die Slowakei sah er schwarz:

»Schauen Sie nur, einmal hätten sie Gelegenheit, sich selbst zu regieren, und gleich müssen sie sich wieder wen suchen, dem sie sich unterwerfen können. Passen Sie auf, wenn es eine Abstimmung gibt, ob die Slowakei der Europäischen Union beitreten soll oder nicht, werden sie alle betteln, nicht selber regieren zu müssen, sondern von Brüssel regiert zu werden. Da wette ich darauf!«

Die Deutschen hatten keine Zukunft, die Slowakei auch nicht, war es nicht wenigstens um Europa gut bestellt? Mitnichten. Was war schon von einem Kontinent zu halten, der stolz darauf war, daß es einem polnischen Bauer gelingen konnte, Papst zu werden?

»Also, wo der Woytila hinkommt, wirft er sich auf den Boden und küßt ihn. Ein polnischer Bauer, ohne jede Kinderstube. Mit so was kann er vielleicht den Wilden imponieren, aber nicht mir.«

Als wir die Rechnung bezahlt und mit dem alten Herren den Raum mit seiner vornehmen Kellnerschaft verlassen hatten, mußten wir an die Garderobe, unsere Mäntel holen. Dort harrte ein hagerer Mann von 65, 70 Jahren aus, um den wenigen Gästen die Mäntel abzunehmen oder wieder über den Garderobentisch zu reichen. Wir gaben dem Mann, von dem eine distinguierte Schüchternheit ausging, ein paar Kronen und bemerkten, daß ihm Dr. Martinko, der selber eine mickrige Pension bezog, verstohlen eine Banknote reichte. Es war an diesem Ort in diesem Jahrhundert gewiß nicht leicht gewesen, ein Gentleman zu bleiben, aber die beiden Herren, der Gast und der Garderobier, behandelten einander mit einer diskreten Höflichkeit, als würden sich zwei englische Herren der Upper class in einem Bordell getroffen haben. Der eine, der seine Pension aufbessern mußte, indem er reichen Leuten die Mäntel abnahm, und der andere, der sich genierte, in einem Lokal der Neureichen gespeist zu haben, waren umstandslos übereingekommen, über die Fragwürdigkeit ihrer Begegnung hinwegzusehen. »Was soll man machen«, seufzte Dr. Martinko draußen im kalten Wind, »der Mann war Kommunist, aber immerhin Schuldirektor! Meine Herren, ich bitte Sie: Das ist doch kein Benehmen, daß man einen Lateinprofessor zwingt, als Rentner Mäntel auf- und abzuhängen, damit er nicht verhungert.«

9

Südlich von Spišská Nová Ves fuhren wir durch das Bergland der Unterzips, aus deren dichten Wäldern schneebedeckte Gipfel von über tausend Metern ragten. Der Weg ins Göllnitztal, in das Tal des Hlinec, war nicht weit, aber die Fahrt dauerte lang, denn die kaum befahrene Straße wand sich die Berge hinauf und hinunter, vorbei an Weilern und Ortschaften, die mit ihren Häusern, Werkstätten, Schuppen aus Holz aussahen, wie vor fünfzig Jahren die Dörfer in den Alpen ausgesehen haben mochten. Die Göllnitz entspringt einem Gebiet, das seiner landschaftlichen Schönheit wegen die emphatische Bezeichnung »Slowakisches Paradies« trägt, und der erste Ort, an dem das Bächlein vorüberzieht, ist Verlorenseifen.

Als wir im strahlenden Sonnenschein des Wintervormittags nach Verlorenseifen kamen, wirkte der kleine Ort, als hätten ihn seine Bewohner, nachdem sie ihn noch ordentlich aufgeräumt hatten, gerade verlassen. Generationen hatten hier Kupfer, Nickel, Kobalt abgebaut und den Wohlstand der Grafen Csáky und Coburg, die die Hütten besaßen, gemehrt. In der Unterzips mit ihrem slowakischen Erzgebirge gibt es etliche Orte, deren Namen auf »seifen« enden, Kochseifen, Latzenseifen, Metzenseifen, Schwarzseifen, was stets darauf hinweist, daß hier Gold gewaschen und Erze abgebaut wurden. Das Verlorene an Verlorenseifen meint nicht das Schicksal, das diesem Ort mit seinen stillgelegten Hütten und Zechen beschieden war, sondern daß im karstigen Boden des slowakischen Paradieses unweit des Ortes ein Bach verloren geht, in der Erde verschwindet, um seinen Weg unterirdisch zu nehmen.

Die letzte Zeche wurde schon vor hundert Jahren geschlossen. Stratená, wie die Ansiedelung slowakisch heißt, seit sie aus der Zeit gefallen ist, hat seine Bewohner schon lange eingebüßt, gerade noch 150 sind geblieben. Nur ein einziger von ihnen zeigte sich an diesem Vormittag, eine mißtrauische Alte, die im schwarzen Rock, mit schwarzem Kopftuch halb aus der Tür ihres Hauses trat, die Fremden scharf ins Auge faßte, sich zurückzog, gleich darauf wieder hervorlugte, verschwand, einen Eimer vor die Tür stellte, verstohlen zu uns blickte und endlich die Tür kräftig ins Schloß fallen ließ, worauf sich ihr Greisenkopf bald hinter der in der Sonne glänzenden Scheibe des Fensters abzeichnete. Vielleicht wußte sie, was wir nur vermuteten, daß sie vormittags der einzige Mensch war, der sich hier aufhielt, und daß sie allein gelassen über ganz Verlorenseifen wachen mußte?

Rasch wird aus dem Bächlein Göllnitz eine tosende Aache, von der es zu beiden Seiten steil auf Berge hinaufgeht, die für den Wintersport zu erschließen seit einigen Jahren große Anstrengungen unternommen werden. Alle paar Kilometer wies ein Schild darauf hin, daß hier gerade ein Schilift gebaut wurde oder sommers eine Tropfsteinhöhle zu besichtigen war. Anfangs war das Tal zu eng, als daß die Straße immer entlang des Flusses hätte führen können, sie verließ ihn, umkurvte einen Berg, kehrte zurück und stieß endlich in Nálepkovo dauerhaft zum Hlinec, den sie von da bis zu seiner Mündung in den Hornad begleitet. Die Stadt hieß ursprünglich Villa Vagendruczul, dann Wagendrussil, Vogendrisel, schließlich ein paar hundert Jahre Wagendrüssel, ehe daraus das slowakische

Vondrisel abgeleitet wurde. 1948 wurde im fernen Bratislava verfügt, daß es den Bewohnern Vondrisels genehmigt werde, zur Ehre des Offiziers Ján Nálepka, der in der Sowjetarmee gedient hatte und in der Ukraine gefallen war, künftig in Nálepkovo wohnen zu dürfen. Eine Befragung der Bürger hatte kürzlich ergeben, daß die allermeisten von ihnen beim aufgezwungenen Namen bleiben wollten; nicht weil sie ihn so liebten, sondern weil sie fürchteten, daß mit dem alten Namen auch alte Besitzansprüche wieder erhoben werden könnten. Vor hundert Jahren waren von 3000 Einwohnern Wagendrüssels rund 2200 Deutsche gewesen, bei der Volkszählung von 2001 von rund 2500 ganze dreizehn.

In Nálepkovo hatte aber nicht nur dieser eine, haben die Offiziere vieler Armeen ihre Spuren hinterlassen. Wagendrüssel war einst reich gewesen, weil sein Vorrat an Erzen schier unerschöpflich schien. Schlimmeres als die Türken, die bis ins Göllnitztal vordrangen, haben die Habsburger dem Ort angetan, galt er doch als Verschwörernest der Kuruczen, der ungarischen Freischärler, die gegen Kaiser und Kirche kämpften. Einer der bedeutendsten Kuruczengeneräle, Urban Celder, stammte aus einer Unternehmerfamilie von Wagendrüssel, er weihte sein Leben dem Kampf gegen die Habsburger und hat es auf einem Scheiterhaufen in Košice beendet. Um die Kuruczen, die ihrerseits plündernd durchs Land zogen, endgültig niederzuwerfen und den Leuten die Widersetzlichkeit für alle Zeiten auszutreiben, eroberten die Habsburger die Gemeinde und verpfändeten, verteilten, verschenkten deren Besitztümer an botmäßige Adelsgeschlechter.

Fährt man die Göllnitz abwärts, erreicht man wenige Kilometer nach Nálepkovo die Kleinstadt Svedlár. Der Hlinec ist hier bereits gute zwanzig Meter breit, und der neueste, in Bratislava gedruckte slowakische Reiseführer durch die Zips

Im Göllnitztal

rühmte die alte, überdachte Holzbrücke von Schwedler in so hohen Tönen, daß wir uns auf die Suche nach ihr begaben. Wir durchquerten die Stadt vom einen zum anderen Ende, auch in Schwedler war diese unüberwindbare innere Grenze, jene imaginäre Linie zu erkennen, die alle Zipser Städte auf einer bestimmten Höhe der Hauptstraße durchschneidet. Im einen Teil lebten die Slowaken, im anderen, benachbart und doch unendlich fern und völlig für sich, die Roma. Der Unterschied zwischen beiden stach hier weniger ins Auge, denn auch der von den Roma bewohnte Teil war nicht zum Slum heruntergekommen, und zur Mittagsstunde, da wir den Ort erkundeten, entstiegen den Schulbussen Dutzende wohlgekleideter Kinder, die johlend die Straße zum Bezirk der Roma hinunterliefen.

Da wir die berühmte Holzbrücke nicht fanden, überquerten wir den Fluß auf einer Eisenbrücke, einer behelfsartig anmutenden Konstruktion, die in einen dritten, ländlichen Ortsteil führte, auf dessen hügelan steigenden Wiesen ein paar schöne alte Holzhäuser zu sehen waren. Drüben nahm uns ein drahtiger älterer Herr in Empfang, der eine dicke Brille und auf dem Haupt eine imposante Fellmütze trug. Er hieß Stefan Batz, war pensionierter Grubenarbeiter und erzählte uns, daß die Brücke, die wir suchten, 1975 vom Hochwasser mitgenommen worden war, das damals die Göllnitz zum reißenden Fluß gemacht und nicht nur in Svedlár große Schäden angerichtet hatte. Vor seinem Haus, das nah der Brücke auf einer großen Wiese stand, erwartete uns schon seine Frau, ungeduldig, als wären wir angemeldet gewesen und hätten uns verspätet. Kaum daß wir eingetreten waren, servierte sie uns Wurst und Kuchen, Kaffee und Schnaps und war sichtlich erfreut zu sehen, daß ich schon Übung darin zeigte, dies alles ohne Zeichen von Verwunderung miteinander zu vertilgen.

Die beiden bewohnten ein kleines, gemütliches Haus, das, seitdem die drei erwachsenen Kinder ausgezogen waren, fast zu groß geworden war für sie. Sie hatten ein gefestigtes Selbstbewußtsein, das proletarisch zu nennen ich nur zögere, weil der Begriff in der staatssozialistischen Ära jeden Glanz verloren hat, sie waren stolz darauf, sich mit ihrer Hände Arbeit durch alle Zeiten gebracht und sich mittels Büchern, von denen »die mehresten deitsche« waren, über den Aufbau der Welt Klarheit verschafft zu haben.

Schon die Eltern, Großeltern und alle Vorfahren, von denen sie wußten, waren in den Berg eingefahren, hatten ihr Arbeitsleben im Berg verbracht. In den deutschen Bergbaudörfern des Göllnitztales war die Kommunistische Partei in den zwanziger und frühen dreißiger Jahren des letzten Jahrhunderts stets die stärkste oder zweitstärkste Partei gewesen. Wie erging es den klassenbewußten deutschen Proletariern, als die Herrschaft des Proletariats in der Tschechoslowakei errichtet und der Internationalismus als Doktrin verkündet wurde?

Im Herbst 1944 wurden ganze Dörfer von der Wehrmacht geräumt und deren Bewohner ins Sudetenland evakuiert. Viele Zipser Arbeiter, die in der Zwischenkriegszeit kommunistisch oder sozialdemokratisch gewählt hatten, weigerten sich, ihre Heimat zu verlassen, jetzt, da die Ära des Sozialismus anzubrechen schien. Doch hat die Rote Armee die im Lande gebliebenen Bergarbeiter nicht nur vom Joch des Faschismus befreit, sondern, weil sie zwar die richtige Klasse, aber die falsche Nationalität hatten, unverzüglich zur Arbeit in sowjetische Bergwerke deportiert. Aus dem Kaukasus kamen viele von ihnen nie, andere erst nach Jahren zurück. In ihren Dörfern und Städten wurden sie von Zuzüglern empfangen, die sie nicht kannten, die in den Häusern wohnten, die früher ihnen gehört hatten, und von denen sie als Faschisten beschimpft wurden. Die anderen, die sich von der Wehrmacht ins Sudetenland hatten evakuieren lassen, konnten dort nur ein paar Wochen bleiben. Dann wurden die Sudetendeutschen aus der Tschechoslowakei vertrieben; viele Karpatendeutsche schlossen sich deren Trecks an, vielleicht 70 000 von ihnen landeten schließlich in der späteren Bundesrepublik, 15 000 auf dem Gebiet der nachmaligen DDR, 12 000 in Österreich.

35 000 aber waren in der Slowakei geblieben oder dorthin zurückgekehrt. Sie wurden wie der zwölfjährige Stefan Batz in Lager gesperrt, und wer gesund wieder herauskam, versuchte sich die längste Zeit nicht mehr als Deutscher zu erkennen zu geben. Erst 1953 erhielt Stefan Batz wieder die tschechoslowakische Staatsbürgerschaft, und die hätte er im Alter auch gerne behalten, denn er war neun Jahre, nachdem sich die Tschechen und Slowaken staatlich getrennt hatten, noch immer empört darüber, daß ihr gemeinsamer Staat in zwei separate Republiken weniger an seinen inneren Widersprüchen zerfallen, als durch politisches Ränkespiel geteilt worden war. Seit der Verfolgung ist viel Zeit vergangen, sagte er, und es wäre nichts für ihn, nur ewig zu klagen. »Wir hatten es schwer. Aber die anderen hatten es ja auch schwer. Und erst früher! Nach und nach ist es doch ein gutes Leben geworden.« So kam es, daß mit den Jahren aus ihm fast so etwas wie ein tschechoslowakischer Patriot geworden war, dem es leid tat um seinen Staat, der es ihm wahrlich nicht leicht gemacht hatte.

Wir hatten das Göllnitztal verlassen, ehe wir den Ort, der ihm den Namen gab, die Kreisstadt Göllnitz/Gelnica erreichten. Es war einer jener Zufälle, auf die man immer bauen soll, wenn man eine gut geplante Reise unternimmt. Es war erst vier Uhr, aber die Sonne stand schon schräg, und unvermittelt war es unter dem wolkenlosen Himmel eiskalt geworden. Der Ort an der Landstraße hieß Einsiedel, und wir hatten kurz halt gemacht, um einen Kaffee zu trinken, doch es gab hier keine Gaststätte, nur große symphonische Musik. Aus vier Lautsprechern, die am Hauptplatz gegenüber dem Supermarkt an einem hohen Masten angebracht waren, dröhnte in alle vier Himmelsrichtungen ein Orchesterkonzert der späten Romantik. Die Leute, die aus dem Supermarkt kamen, zogen vermummt, so schnell sie konnten, heimwärts, bei dieser Kälte hielten sich nicht einmal die Kinder länger, als sie mußten, im Freien auf, die Fenster der Häuser waren fest verschlossen und mit Polstern abgedichtet; und über die leergefegten Straßen rauschte der breite Klang eines Orchesterstücks, für das die große Besetzung vonnöten war, alle Streicher und Bläser, dazu noch das Schlagwerk in voller Mannschaftsstärke.

Manchenorts im Osten Europas hatten Gemeinden die praktischen Lautsprecher, über die ihnen in realsozialistischer Zeit die Losungen der Partei und auch sonst allerlei Wissenswertes mitgeteilt wurde, nach der Wende nicht abmontiert, sondern sie zur kulturellen Verfeinerung des Dorfalltags zu nutzen begonnen. Über Einsiedel, fanden wir heraus, wurde von neun bis 17 Uhr klassische und romantische Musik ausgegossen, nicht jener synthetische Müll, der bei uns aus den Kaufhäusern dringt und unsere Widerstandskräfte abschwächen soll, sondern Smetana, Dvořák und verwandte Tonmeister, die die Gemütskräfte stärken. Wir standen unter der Musik, die über uns, über das Dorf hinwegschallte und waren versucht, die Landschaft, in die sie hinausdrang, mit einem Mal neu anzuschauen und in ihr das Erhabene der Musik zu sehen, wie wir umgekehrt das Erhabene der Landschaft wiederum in der Musik zu hören meinten. Die Leute von Einsiedel freilich schienen weder die Landschaft noch die Musik zu beachten, sondern hasteten gebückt, als befänden sie sich in einer beliebigen kulturlosen Gemeinde, die schnurgeraden Straßen mit ihren Baumreihen entlang.

Nur einer nicht, ein pfiffiger, kleiner Mann um die sechzig, der den kahlen Schädel unverdrossen der Kälte aussetzte, um die Ohren frei zu halten, und der gleich uns die Wogen und Wellen des Musikstückes irgendwo in den Lüften zu entdecken hoffte. Ohne daß er einen Schritt tat, war er uns schon längst so nahe gekommen, daß er uns an den dramatischen Stellen des Stückes zublitzen und sich bei den melancholischen mit schaukelnden Bewegungen des Oberkörpers wie ein Dirigent in Szene setzen konnte. Endlich sagte er etwas, das ich nicht verstand, aber um ihn nicht unhöflich abzuweisen, fragte ich irgendetwas zurück, und zwar, ob er mir wohl die Straße nach Gelnica zeigen könne. Pah Gelnica, fuhr mich der Mann an, in dem uns vielleicht der einzige leidenschaftliche Musikliebhaber Einsiedels gegenüberstand, vielleicht auch ein Mächtiger von früher, der in den Wahnsinn gefallen war und um dessen Frieden willen die Gemeinde diesen Aufwand überhaupt betrieb.

Wir konnten nicht anders, als ihm sofort zu glauben, daß es sich nicht auszahlte, nach Göllnitz zu fahren. Pah Gelnica! Smolník müßten wir uns anschauen, Smolník! Und auf der Straße da vorne, die akkurat in rechtem Winkel von jener, die nach Göllnitz führte, südwärts zog, gerade auf der würden wir nach Smolník kommen. Ich hegte den Verdacht, in ihm einen gewitzten Autostopper vor mir zu haben, aber er wollte keineswegs mit uns nach Smolník fahren; nein, er blieb hier, um auf dem Stadtplatz das symphonische Nachmittagskonzert, das womöglich für ihn alleine gespielt wurde, zu Ende zu hören.

Smolník lag rund 15 Kilometer von Einsiedel, am äußersten südlichen Rand der Zips, an deren nördlichem Rand wir vor knapp drei Wochen die Gemeinde Hopgarten und die glücklichen Nichtraucher der Familie Kozák besucht hatten. Wir hielten vor der Kirche, die auf einem Plateau über dem quadratischen Hauptplatz stand, betrachteten die repräsentativen Bauwerke, eine Art von Palazzo, ein schönes Fabriksgebäude aus der Gründerzeit, eine hohen Säule, offenbar der Heiligen Dreifaltigkeit gewidmet, und sagten uns, daß wir es hier, wo nicht einmal Musik aus dem kommunalen Lautsprecher drang, ja es einen solchen gar nicht mehr gab, nicht lange aushalten würden. Doch dann kam eine Frau von einigen siebzig Jahren den Weg herauf, schaute im Vorbeigehen auf das Nummernschild des Autos und sagte mit singendem Tonfall: Oh, die Herrschaften kommen aus Österreich!

Maria Vasilcova geborene Krakovsky war eine reizende Dame, der man nach alter Manier fortwährend imaginäre Türen öffnen oder in den Mantel helfen mochte, und die Vorsitzende des Karpatendeutschen Vereins von Schmöllnitz / Smolník. Ja, so hießen hier die Deutschen oder besser: die Mantaken, denn wir wurden gleich belehrt, daß die melodiöse Sprache mit ihren dunklen Vokalen und weichen Konsonanten das reinste Mantakisch war. Frau Vasilcova geborene Krakovsky war nicht willens, uns ziehen zu lassen, ohne uns das Kulturhaus des Vereins gezeigt und über die mantakische Frage Europas instruiert zu haben. Das Vereinshaus lag etwa hundert Meter entfernt in einer Seitengasse und war eine heruntergekommene Bude, die die Gemeinde dem Karpatendeutschen Verein zur Verfügung gestellt und die sich dieser mit einer Handvoll slowakischer Hobbyclubs zu teilen hatte.

Im Kulturhaus, das im wesentlichen aus einem großen Raum bestand, der vielleicht sechzig Leute fassen konnte, waren die Wände mit Plakaten, Aufrufen, Wappen, Fotografien tapeziert: »Bekenne dich zur 800jährigen Geschichte deiner Ahnen. Zur Sprache, zur Kultur, zu den Traditionen. Auf zur Volkszählung 2001« stand auf einem lindgrünen Plakat des Karpatendeutschen Vereins zu lesen. Die Vorsitzende der Ortssektion von Schmöllnitz holte aus einem großen Kasten ein paar Kleidungsstücke, schwarze Festtagsuniformen der Knappen, für die es hier keine Arbeit mehr gab, rote Hosen und weiße Jacken für die Jugendlichen, die noch immer in Zechen organisiert waren, obwohl diese längst geschlossen waren. Schmöllnitz war es in der Geschichte so ergangen wie den anderen Gemeinden der Gegend, deren Schicksal mit dem Bergbau verbunden war, nur war Schmöllnitz mit seinen Silbererzen und dem mittels eines besonderen Verfahrens vom Silber getrennten Kupfer immer etwas reicher, wichtiger, größer gewesen als die anderen Orte, sodaß es den Niedergang schmerzlicher erlebte. Aber worin bestand er eigentlich, dieser Niedergang, und womit sollte man ihm jetzt, so spät, noch trotzen?

Der Niedergang bestand nicht darin, daß Smolník eine Stadt war, die heute weniger Einwohner zählte als vor 200 Jahren; daß das große Fabriksgebäude am Hauptplatz, das einst von einem verantwortungsvollen jüdischen Kapitalisten als Tabakfabrik errichtet worden war, heute einem herzlosen internationalen Konsortium gehörte, das nicht einmal mehr ein Viertel der Frauen, die vor hundert Jahren hier angestellt waren, zum Drehen originalkubanischer Zigarren beschäftigte;

daß die Stollen mit schweren Eisentüren versperrt waren und keine Knappen mehr in den Berg fuhren. Nein, das Schlimmste in diesem Winkel Europas war der Verlust der Sprachen, den niemand aufhalten konnte.

Der Verlust des Deutschen als Umgangssprache der gebildeten Leute war aber nur der drittschlimmste Verlust. Schlimmer, daß man sich mit kaum jemandem mehr auf mantakisch unterhalten konnte. Am schlimmsten aber, daß dem Pfarrer in der Kirche die Sprache abhanden gekommen war.

»Wieso, hält er etwa nur stille Messen?

– Nein, aber ich bitt' Sie: Das soll ein Hochamt sein, und der Pfarrer erklärt den Leuten alles, was er tut, auf slowakisch?

– Ja, sollte er die Messe vielleicht auf deutsch oder mantakisch lesen? Sie sagen doch selber, daß ihn dann fast niemand mehr verstehen könnte.

– Nicht auf deutsch, nicht auf mantakisch, nicht auf slowakisch.

– Sondern?

– Auf lateinisch natürlich!«

Frau Vasilcova geborene Krakovsky, die Vorsitzende der Ortssektion Schmöllnitz des Karpatendeutschen Vereines, war entsetzt, daß wir so schwer von Begriff waren. Aber sie war auch nachsichtig, und darum klärte sie uns geduldig über den Niedergang der Kultur auf, der darin seinen traurigsten Ausdruck fand, daß es nur mehr drei alte Frauen im Ort gab, die die lateinische Figuralmesse beherrschten, und sich der arrogante junge slowakische Pfarrer weigerte, diese öfter als ein Mal im Jahr für sie abzuhalten. Den Rest des Jahres über mußten sie sich mit dieser entsetzlich primitiven Messe in der Volkssprache abfinden, eine schlechte Erfindung des Zweiten Vatikanischen Konzils.

Die Ortsvorsitzende freute sich, in uns so gelehrige Zuhörer gefunden zu haben und verzieh uns die Unwissenheit, mit der sie uns in Kirchenfragen antraf. Welche Kulturaufgaben den Deutschen außer der Messe in lateinischer Sprache sonst noch in Schmöllnitz blieben, fragte ich. Der Chor! antwortete sie prompt. Der deutsche Chor mit seinen 16 Mitgliedern, guten Sängern und Sängerinnen, fürwahr. Gott sei Dank waren nach der Katastrophe von Tschernobyl vier ukrainische Familien, die aus der verseuchten Region stammten, in Schmöllnitz aufgenommen worden.

»Ukrainer, verstehen Sie, diese Sänger, die haben das Singen alle bei orthodoxen Messen gelernt! Mit ihnen haben wir jetzt den besten deutschen Chor in der ganzen Unterzips!«

Die Zeit von Kudrjawka –
Auf der Suche nach dem letzten
Schwarzmeerdeutschen

I

UND DANN BEGANN Alexej Wassiliwitsch zu weinen. Er stand auf dem von riesigen Schlaglöchern aufgerissenen Dorfplatz, hatte sich über den Lenker seines Fahrrads gebeugt und weinte, von einer wachsenden Freundesgruppe bedauert.

Wir hatten die Schnellstraße, die von Odessa entlang riesiger Felder mit Winterweizen nach Tiraspol führt, nach ungefähr einer Stunde verlassen und waren nach rechts abgezweigt. Ein unbefestigter, über sanfte Hügel ziehender Weg schnitt hier ins Feld hinein und verlor sich nach ein paar Kilometern in einer Ansiedlung, deren Gebäude achtlos übers Land ausgestreut lagen. Erst als wir das Auto abgestellt hatten und den Ort zu Fuß erkundeten, bemerkten wir, daß Scherbanka ein altes Dorf war, dem es nicht anders ergangen war als so vielen Gemeinden im Süden der Ukraine: In und um das Dorf war eine Kolchose gesetzt worden, die mit ihren überdimensionierten Nutz- und Versammlungsbauten die wohlgeordneten Häuserzeilen gesprengt, dem Dorf die bäuerliche Struktur geraubt und eine agrarisch-industrielle aufgeprägt hatte. Jetzt, 13 Jahre nach dem Zerfall der Sowjetunion, befanden sich die Bauwerke der Kolchose bereits in einem ruinösem Zustand, den zu erreichen die Häuser, die einst Bauern und Handwerkern gehört hatten, 150 Jahre gebraucht hatten.

Wir gingen durch Scherbanka und sahen, daß es hier nicht nur mit der Alten Welt zu Ende war, sondern auch mit der Neuen, die jener einst stolz den Garaus des sozialistischen Fortschritts bereitet hatte. Neben den baufälligen Häusern, die da und dort noch mit liebenswerten Details von ihren Besitzern zeugten, deren Gräber längst überwuchert waren, verfielen die stolzen Monumente der klassenlosen Gesellschaft, deren Erbauer offenbar gewußt hatten, daß diese nicht länger als ein, zwei Generationen überdauern mußten.

Wir hatten das Auto an einer Stelle geparkt, die als Hauptplatz des Dorfes nur zu erkennen war, weil hier mehr Leute als sonstwo im Ort unterwegs waren. Auf ihren Fahrrädern wichen sie den tiefen, mit Wasser gefüllten Löchern in der lehmigen Fahrbahn aus, sie schoben überladene Karren vor sich her, saßen auf Pferdefuhrwerken, die langsam die Straße entlang schaukelten, standen in Gruppen rauchend beisammen. An der einen Seite des Platzes hing von einem einstöckigen, schäbigen Gebäude, der Gemeindeverwaltung, verschlissen die blaugelbe ukrainische Fahne herab; auf der anderen klotzte ein massives dunkelbraunes, an den Rändern eingeschwärztes Bauwerk, mit dem, unproportioniert wie es war, etwas nicht stimmte: Die schmale Vorderseite wirkte wie herausgesprengt, das Dach schien abrasiert, und die lange Seitenfront erstreckte sich von der Straße weg tief ins Gelände hinaus. Wir schlenderten auf der Hauptstraße des für seine Schönheit berühmten Dorfes Elsaß und waren ratlos vor so viel menschenfeindlicher Häßlichkeit.

Die meisten Leute musterten uns neugierig und freundlich, als würden sie darauf aus sein, sich den Fremden gegenüber hilfreich erweisen zu können. Da wir ihnen keine Gelegenheit boten, wandte sich ein 65jähriger Mann von sich aus an uns. Er war klein und drahtig, hatte ein kantiges Gesicht und eine kehligweiche Stimme und schob ein Fahrrad vor sich her, das unter dem behelfsmäßig aufgetragenen grünen Lack völlig verrostet war. Als er hörte, daß wir aus Österreich kamen, fragte er verschmitzt, ob nicht auch Hitler aus Österreich stammte, um sogleich, als würde er eine Taktlosigkeit bereuen, hinzuzufügen, daß der Krieg eben schlimm gewesen sei. Das sagte er in schlüssigerem Zusammenhang noch öfter, und stets klang es wie ein Aufruf zur Verbrüderung. In der gemeinsamen Einsicht, daß der Krieg schlimm gewesen war, sollten alle Verschiedenheiten, die zwischen uns waren, die Herkunft, nationale Zugehörigkeit, der Beruf, das Alter, die Sicht auf Scherbanka und die Welt, aufgehoben werden.

Alexej Wassiliwitsch lebte seit 35 Jahren hier. In seiner blauen Arbeitsjacke und mit der Mütze hätte man ihn für einen Arbeiter halten können, der auf dem Weg zur Baustelle war, aber er war ein pensionierter Ingenieur und kam vom Einkauf. Ja, diesen Ort hatten einst Deutsche gegründet, Deutsche aus dem Elsaß, die ihr Dorf nach der alten Heimat nannten, die sie verstoßen hatte, doch die letzten Deutschen hatten den Ort lange, bevor er hergezogen war, verlassen. Alexej Wassiliwitsch fand das traurig, der Krieg war eben eine schlimme Sache. Als Bauingenieur konnte er von den Häusern der Deutschen nur schwärmen, sie waren aus dem schönen Muschelstein errichtet, der sich in der Umgebung des nahegelegenen Limans ablagerte, und meist mit Dächern aus Schilf bedeckt, der so reichlich an dessen Ufern wuchs. Liman ist das türkische Wort für Lagune, hier, in der Nähe des Schwarzen Meeres, gab es viele Limane, seichte Seen, tote Arme von Flüssen, Meereszungen, vom offenen Meer meist durch Ablagerungen von Sand getrennt.

Bei mindestens fünfzig Häusern des Ortes hatte Alexej Wassiliwitsch das Dach erneuert, nicht mit Schilf, sondern mit modernem, günstigem Belag, der kürzer hielt, und viele Häuser hatte er auch neu gebaut. Aber die waren, wie er einräumte, jetzt schon schlechter beisammen als die deutschen Häuser, die bereits um die Mitte des 19. Jahrhunderts errichtet worden waren, als Elsaß seine schönste Zeit hatte.

Alexej Wassiliwitsch erzählte viel von seiner Arbeit, er zeigte sich jedoch auf das, was er beruflich zuwegegebracht hatte, nicht eben stolz. Mit schlechtem Material hatte er arbeiten müssen, und ohne Stil waren seine Auftraggeber gewesen. Der Klotz etwa, hinter uns! Er zögerte, es zu sagen, aber hatte nicht er dieses Ungetüm verschuldet? Mittlerweile standen acht, neun Dorfbewohner um uns herum, mischten sich korrigierend, erklärend ein und stimmten Alexej Wassiliwitsch zu, wenn er zwischendurch meinte, daß der Krieg eine schlimme Sache war. Keiner von ihnen sagte, daß die Nationalsozialisten den Krieg hierher gebracht hatten; es war der Krieg selber, den sie als Verbrecher anklagten, in dieser Personifizierung bot Alexej Wassiliwitsch den deutschsprachigen Besuchern die historische Versöhnung an.

Die katholische Kirche von Elsaß wurde in der zweiten Hälfte des 19. Jahrhunderts errichtet und hundert Jahre später, nachdem der Ort seine Bewohner verloren und seinen Namen gewechselt hatte, einer gewaltsamen Veränderung unterworfen. Als aus Elsaß das russische Stepnoje geworden und das Dach der Kirche eingestürzt war, wurde diese zur Turnhalle umgebaut. Das Hauptschiff war der Turnsaal, in den Seitenschiffen wurden die Umkleidekabinen und Duschen installiert. Damals war Stepnoje eine überaus produktive Kolchose, 24 000 Schweine wurden hier gezüchtet, es gab fast hundert Traktoren, einen Kindergarten, die tägliche Busverbindung nach Odessa. Eine so erfolgreich wirtschaftende Gemeinde brauchte auch eine Turnhalle für ihre Jugend, während die Kirche ohne Dach niemand mehr brauchte. Denn die Deutschen, die in ihr gebetet und gesungen hatten, waren allesamt weg, die meisten 1944 in Trecks geflohen, sobald sich die Wehrmacht aus diesem Teil des verwüsteten Europa zurückzog, die übrigen schon während der großen Säuberungen in den dreißiger Jahren oder gleich nach dem Krieg nach Sibirien, Kasachstan, Kirgisien verschleppt.

Alexej Wassiliwitsch litt darunter, daß er den Umbau, der aus einem nicht mehr genutzten sakralen ein vielbenutztes profanes Gebäude machte, geleitet hatte. Ich sagte ihm, daß nicht er daran schuld sei, daß das Kirchendach eingestürzt war; daß nicht er die Nachfahren jener Deutschen, die 1808 die Gemeinde Elsaß gegründet hatten, zurück nach Deutschland beordert, noch diese in die asiatische Steppe verbracht hatte; und daß es vielleicht gar so schlimm nicht war, wenn man aus einer baufälligen Kirche, in die keiner mehr geht, einen Raum für Menschen macht, die sich dort treffen können, um etwas zu tun, was ein wenig Freude in ihr Leben bringt, das gewiß hart genug ist.

Alexej Wassiliwitsch wollte von derlei nichts wissen. Unwirsch beharrte er auf seiner Schuld und verbat sich stolz jede Nachsicht. Es war eine Sünde, daß er die Pläne gezeichnet und die Arbeiten geleitet hatte. Aber der gerechte Gott hatte ihn bestraft! Und dann begann er energisch wie ausdauernd zu weinen. Nach qualvollem Leiden war seine Tochter vergangenes Jahr gestorben, sie war 27jährig im gleichen Glauben gestorben, in dem er jetzt lebte, nämlich daß Gott an ihr seine Sünde rächte. Die Leute klopften ihm tröstend auf die Schulter, doch sie nickten zu seiner Selbstbezichtigung und waren überzeugt, daß der gerechte Gott, an den alle wieder glaubten, seitdem die Partei, die Gerechtigkeit versprochen hatte, wie von Gottes Erdboden hinweggefegt war, eine Tochter an Krebs sterben läßt, wenn ihr Vater sein Haus geschändet hat.

Als die Ukraine 1991 ihre staatliche Unabhängigkeit proklamierte, wurde aus Elsaß, das eine Ära lang russisch Stepnoje geheißen hatte, das ukrainische Scherbanka. Für den Turnsaal war längst kein Geld mehr da; der Kindergarten war geschlossen, die tägliche Busverbindung mit Odessa eingestellt, die Traktoren verrotteten, und die 24000 Schweine wurden anderswo gezüchtet. Scherbanka kannte keine sowjetische Überwachung und keine sowjetische Obsorge mehr, Scherbanka war einfach vergessen worden von der Welt, dem neuen Staat und seinen wechselnden Regierungen. In diesem im Schlamm versinkenden, unaufhaltsam in die Verlassenheit rutschenden Ort gab es fast gar nichts mehr, außer Leuten, die alle älter ausschauten, als sie waren, und fanden, daß früher, als die Ukraine noch zur großen Sowjetunion gehörte und nicht jeder rücksichtslos einfach tun konnte, was er wollte, alles viel besser war. Doch, etwas gab es in Scherbanka schon noch. Am oberen, von der Straße entfernten Ende der Kirche, in der schon seit sechzig Jahren nicht mehr gebetet und seit zehn nicht mehr geturnt wurde, am hinteren Eck des düsteren Klotzes war ein großes Schild angebracht. Dort, wo früher der Altarraum war, gab es jetzt eine Karaoke-Bar.

2

Zu Beginn des 19. Jahrhunderts machten sich Hunderte deutsche Familien aus der Rheinpfalz, aus Baden, Württemberg, Hessen, Bayern und dem Elsaß auf den Weg, um sich im Süden der heutigen Ukraine eine neue Heimat zu schaffen. Sie verließen die alte aus wirtschaftlicher Not oder religiöser Bedrückung, sie flohen die Banden, die im Gefolge der Napoleonischen Kriege plündernd, brandschatzend durchs Land zogen, sie setzten sich ab in eine ungesicherte Ferne, weil sie zu Hause nicht zwangsrekrutiert und in irgendein deutsches Fürstenheer gesteckt werden wollten. Gerufen hatte sie Zar Alexander I., der Enkel von Katharina der Großen, die ihrerseits Abertausende deutsche Familien mit ihrem berühmten, 1763 verkündeten Manifest dazu verlockt hatte, die unbewohnten Weiten des russischen Reiches in Besitz zu nehmen und als Kolonisten wirtschaftlich zu erschließen.

Entvölkert war um 1800 ganz Noworossia, wie der unermeßlich weite, kaum besiedelte Raum damals hieß, Neurußland, das die zaristischen Truppen dem Osmanischen Reich entrissen hatten, ohne zu wissen, wie sie die Hafenanlagen am Schwarzen und Asowschen Meer schützen konnten, solange diese kein Hinterland mit nennenswerter Bevölkerung hatten. Das Steppenland in der Nähe des Schwarzen Meeres zu besiedeln und dem Zarenreich nutzbar zu machen, hat Alexander den Unzufriedenen, die sich willig zeigten, ihr Leben neu zu wagen, zahlreiche Privilegien versprochen. Diese waren nicht nur für die an Unterdrückung gewohnten Deutschen beachtlich; für die russischen Leibeigenen blieben solche Rechte noch lange unerreichbar. Auch weil er die feudale Immobilität aufbrechen wollte, ja aus Staatsräson sogar mußte, hat der Zar die Deutschen gerufen.

In seinem Versuch, Rußland auf autoritäre Weise zu modernisieren und seine menschenleeren Gebiete planvoll zu besiedeln, stieß er auf den Widerstand der aristokratischen Gutsbesitzer, die an ihrem Grundbesitz klebten und die darbenden Millionen nicht aus der Leibeigenschaft entlassen wollten. Weil er sich gegen seine eigene feudal vermorschende Aristokratie nicht durchzusetzen wußte, brauchte der Staat Einwanderer, die die neuen russischen Länder anstatt der russischen Bauern erschließen würden. Damit sie nicht gleich wieder fortzogen, erhielten sie, was den russischen Leibeigenen noch lange vorenthalten wurde: Sie durften nach der christlichen Fasson selig werden, die ihnen frommte, konnten Unternehmen gründen, ihrem frei gewählten Gewerbe nachgehen, sich in kommunalen Angelegenheiten selbst verwalten, waren von der Wehrpflicht befreit und mußten auf zehn Jahre keine Steuern zahlen – und erhielten zu all dem noch Grund und Boden; immerhin 35 bis 90 Hektar wurden dem zugeteilt, der sich auf das Wagnis einließ – und nach der entbehrungsreichen Wanderschaft durch halb Europa auch noch den ersten kalten Winter überstand.

Die Einwanderer kamen zu Land oder über die Donau und erreichten die Quarantänestation Dubossary schrecklich dezimiert: Kaum eine Familie, die vollzählig dort eintraf, wo sie hoffte, sich ein besseres Leben aufzubauen. Die meisten hatten sich großen Trecks angeschlossen und waren monatelang unterwegs gewesen, in dörflichen Verbänden von Bauern, Knechten, Handwerkern, Gastwirten aus demselben Ort oder derselben Gegend. Als sie ihr fernes, nur von schönen Verheißungen und abschreckenden Geschichten bekanntes Ziel erreichten, wurden ihnen Gebiete zugewiesen, die sie in den gleichen Verbänden, in denen sie aufgebrochen waren, in Besitz nahmen. Rund 500 Kolonien, Dörfer, Weiler haben die Eingewanderten in den nächsten Jahrzehnten gegründet. Viele blieben in Odessa selbst, das erst 1794 kraft oberstem Befehl an dieser strategischen Stelle aus dem Boden gestampft worden war und rasant zur Metropole vieler Völker wuchs. Von den deutschen Siedlungen wurden die Großliebentaler Kolonien unweit von Odessa, die Kutschurganer Kolonien, die etwa fünfzig Kilometer in nordwestlicher Richtung lagen, und die rund achtzig Kilometer entfernten Beresaner Kolonien besonders groß, zahlreich und wohlhabend.

Elsaß gehörte zu den Kolonien, die am Ufer oder in der Nähe des Kutschurgan entstanden, einem Nebenfluß jenes mächtigen Dnjestr, der in den Karpaten entspringt, schon bald schiffbar wird und etwa dreißig Kilometer vor der Mündung ins Schwarze Meer einen riesigen Liman bildet. Die Namen der einzelnen Kutschurganer Kolonien verrieten, von wo deren Bewohner ein paar Jahre zuvor aufgebrochen waren: Elsaß benachbart lag Mannheim, das heute Kamenka heißt, und dort, wo der Kutschurgan einen eigenen Liman bildet, an einer von der Natur durch Schönheit und Fruchtbarkeit begünstigten Stelle, entstanden, dicht beieinander, Straßburg, Baden, Selz und Kandel.

Die Eingewanderten, die über ihre eben gegründeten Dörfer sogleich eine strenge Ordnung verhängten, waren in fruchtbares, landwirtschaftlich jedoch unkultiviertes und verkehrstechnisch kaum erschlossenes Land geraten. Es dauerte keine Generation, bis sie nicht nur sich selbst und ihre Gemeinden, sondern auch das Wunder einer Stadt in ihrer Nähe, Odessa, versorgen konnten. Getreide, Gemüse und Obst, Melonen, Flachs und Sonnenblumen wurden auf dem sandigen Boden angebaut, und selbst der Wein, den die Bauern aus Deutschland zogen, war bald über die Region hinaus berühmt, vom Bier, das in zahlreichen Brauereien erzeugt wurde, ganz zu schweigen. Die Einwanderer hatten aus Deutschland Vieh mitgebracht, etwa das ostfriesische Rind, das sie geschickt an die ganz anderen klimatischen Verhältnisse des Südens anzupassen wußten; und endlich züchteten sie Schafe, deren Wolle sie nicht nur für die eigenen Kleider benötigten, sondern mit der sie auch Handel trieben, der sie wiederum mit entfernten Städten und Regionen Noworossias in Verbindung brachte.

Die Siedler hatten Deutschland zwar verlassen, um der Unfreiheit zu entkommen und damit ein jeder nach seinem religiösen Bekenntnis leben konnte. Doch hielten sie auf konfessionelle Separation, sodaß in der einen Kolonie nur Katholiken, in der nächsten ausnahmslos Protestanten und in der dritten einzig Mennoniten lebten. Daß einer über die Grenze des Ortes und der Konfession hinaus heiratete, galt für anrüchig und war bei den gestrengen Wächtern aller Konfessionen nicht wohlgelitten. Was die Freiheit anbelangt, so legte Pfarrer Konrad Keller, der es wissen mußte, weil er argwöhnisch überwachte, daß sie nicht ins sittenlos Ungemessene wachse, in seiner Chronik »Die Deutschen Kolonien in Südrußland« eindrucksvolles Zeugnis ab, daß mit ihr gewiß nichts Freizügiges gemeint war. Seine Schrift verzeichnet penibel die »Ruthenhiebe«, die Frauenspersonen verabreicht wurden, weil sie ihr Schandmaul nicht halten konnten oder sich gar eines liederlichen Lebenswandels schuldig gemacht hatten, und Männern, die nach der Polizeistunde in der Schenke weiter dem Alkohol zusprachen oder sich Sonntags des unerlaubten Tabakrauchens auf der Straße nicht enthielten. Kurz bevor er sein Werk abbrach, faßte der engstirnige Chronist, der die Not in deutschen Landen mit der Heimtücke der Franzosen und Juden erklärte und eifrig erzürnt notierte, in welcher Kolonie ein Jude Schankwirt geworden war, die Ereignisse eines einzigen Jahres in den gleichmütigen Satz: »Ein Mädchen wurde ermordet und der Leichnam in den Brunnen des Peter Nieder geworfen. Einige haben sich erhängt, einige ertränkt, und mehrere Kinder sind im Liman ertrunken.«

3

Die Lenina ist eine lange Straße, die den Liman des Kutschurgan entlangführt und an der Straßburg, Baden, Selz und Kandel fast ohne erkennbare Ortsgrenzen ineinander übergehen. Die Silhouette hoher Häuser, die wir, von Elsaß kommend, die ganze Zeit vor uns sahen, gehörte zu einer Stadt

Am Schwarzmeerstrand von Lustdorf / Tschernomore

jenseits der Staatsgrenze, was wir erst erkannten, als unvermittelt ein Schlagbaum vor uns auftauchte, vor dem sich ein paar Milchgesichter, schwerbewaffnete Grenzer, entsetzlich langweilten und bubenhaft gestikulierten, wir mögen doch mit dem Auto zu ihnen fahren, wenn wir uns nur trauten. Hinter dem Schlagbaum lag die Transnistrische Republik, ein pittoresker Staat, der sich 1991 von der gerade erst aus der Konkursmasse der Sowjetunion gebildeten Republik Moldau abgespalten hatte; ursprünglich von Rußland unterstützt, das in der Region seinen Einfluß über den Zerfall der UdSSR hinaus behaupten wollte, war er mittlerweile jeder Oberhoheit entglitten und in den Privatbesitz einer aus früheren sowjetischen Offizieren, Ölmagnaten und Schmugglern formierten Mafia übergegangen.

Die Stadt, die wir für das alte Straßburg gehalten hatten, war das transnistrische Pervomaisc, die »Stadt des 1. Mai«, und wenn wir in den vergangenen Tagen nicht jede Gelegenheit genützt hätten, von unserer eigenen, streng geplanten Route abzuweichen, wären wir nur des Namens wegen mit einem Tagesvisum hinübergefahren. Straßburg war das erste von vier Straßendörfern an der Lenina, die unmittelbar vor der Grenze links wegführte und entlang des Limans verlief, der jetzt mit seinem Schilfgürtel ruhig und blau in der Herbstsonne blinkte. Vor einem Haus, das offenbar so lange umgestaltet wurde, bis es endlich einem Bunker glich, stiegen wir aus und gingen zu Fuß weiter. Lange ließ sich niemand sehen, vor den eingeschoßigen Häusern lagen intensiv genutzte Vorgärten, in denen struppige Hunde darüber wachten, daß niemand die Bohnenstangen mitgehen ließ. Wir zogen durch den Ort, bellend übergab uns ein Hund dem nächsten, bis eine rothaarige Frau mit ihrer Tochter an der Hand aus einem Gartentor trat und im Heulen, das mit uns durch den Ort wanderte, auf uns wartete. In Elsaß hatten wir es fast nur mit Russen zu tun bekommen, Deutsche lebten dort schon lange keine mehr, aber auch die Ukrainer fanden sich im Süden ihres Staates überall in der Minderheit. Die freundliche Straßburgerin erwies sich ebenfalls als Russin und erzählte uns, daß von den Deutschen immerhin ein paar Gräber geblieben waren, die wir am Friedhof gewiß entdecken würden, wenn wir uns nur etwas Zeit dafür nehmen wollten.

Der Friedhof, riesengroß für einen so kleinen Ort, war wildüberwuchert, aber nicht verkommen, nur eben anders gestaltet und gehalten als bei uns, die Toten liebten es hier nicht so gestutzt und gehegt. Zwischen das hochwachsende Gras und die wilden Sträucher waren kleine, hellblau gestrichene Holzbänke und Tischchen gestellt, und die zerbrochenen Flaschen Wodka, die weggeworfenen leeren Zigarettenschachteln bewiesen, daß der Friedhof besucht und auf ihm das Totengedenken auf andere Weise als bei uns gepflegt wurde. Ich sah, daß in Kutschurgan noch vor zwanzig Jahren Frauen und Männer begraben wurden, die von Einwanderern aus Straßburg abstammen mußten, nur waren ihre Namen auf den Grabsteinen allesamt cyrillisch geschrieben und diese mit orthodoxen Kreuzen versehen. Da ruhte unter einer von Unkraut überzogenen Platte die Familie Kutscher, dort das Ehepaar Musolf und eine Emilia Emrich, die 1988 in hohem Alter verstorben und deren Foto, vom Regen aufgeweicht, von der Sonne ausgebleicht, unkenntlich geworden war.

Als wir aus dem Friedhof traten und gegen die Sonne schauten, die schon früh am leuchtenden Herbstnachmittag zu sinken begann, bog die hilfsbereite rothaarige Frau gerade mit einem dicklichen Mann um die Kurve. Er schien ihr nicht ganz freiwillig gefolgt zu sein und blickte uns skeptisch an, als wir uns vorstellten und erzählten, warum wir hier waren, aber er war interessiert genug, daß er sich nach unserer Route und den nächsten Plänen erkundigte. Ehe er uns Auskunft gab, ächzte er schwer, verlangte eine Zigarette, an der er mit gequälter Miene ein paar Mal zog und die er dann auf den Boden warf, um sie mit dem Schuh geradezu angewidert zu zerreiben. Er ächzte wieder, musterte uns vorwurfsvoll, daß wir ihm die Mühe bereiteten, eine so schwierige Sache wie die seine darzulegen, noch dazu Unkundigen wie uns, und schickte sich endlich in sein Los. Nikolajs Mutter, die auf diesem Friedhof lag, stammte aus einer deutschen Familie, so wie auch ihr erster Mann, der sich als Soldat der Roten Armee im Kampf gegen die Wehrmacht ausgezeichnet hatte.

Als Hitler den Angriff auf die Sowjetunion befahl, war das für die Angehörigen aller Völker, die in der Sowjetunion lebten, eine Katastrophe, selbst für jene, die, wie viele Kosaken und Ukrainer, die törichte Hoffnung hegten, die Nationalsozialisten würden sie von der Herrschaft der Bolschewiken befreien. Verhaßt war diese Herrschaft, seitdem die Kollektivierung eine geradezu planmäßig verfügte Hungersnot über das Land gebracht hatte und die Welle stalinistischer Säuberungen noch über das letzte Dorf schwappte. Auf besondere Weise verheerend wirkte sich der Angriff auch für die Rußlanddeutschen aus, von denen zu Beginn des Zweiten Weltkriegs über zwei Millionen auf der Krim, im Schwarzmeergebiet, im Kaukasus, im Südural, in Wolhynien und vor allem an der Wolga lebten, an der ihren Städten und Siedlungen 1918 der Status eines selbstverwalteten »Autonomen Gebietes der Wolgadeutschen« gewährt wurde.

Als die Wehrmacht im Juli 1941 die Sowjetunion überfiel, mußten 800 000 deutschstämmige Bürger des Landes binnen wenigen Tagen, manchenorts sogar Stunden ihre Häuser verlassen, in den Monaten darauf stieg die Zahl auf über eine

Million. Unter dem Generalverdacht, es mit den deutschen Angreifern zu halten, wurden sie, darunter verdiente Helden der sozialistischen Arbeit, dekorierte Kämpfer des Ersten Weltkrieges, Funktionäre der kommunistischen Partei, Vorsitzende von Kolchosen, in wochenlangen Gewaltmärschen oder eingepfercht in Güterwaggons, hinter den Ural nach Sibirien, Kasachstan, Kirgisien, Usbekistan oder ans Polarmeer verfrachtet. Unzählige, deren Todestag keiner kennt, fielen der Zwangsarbeit zum Opfer und wurden namenlos gleich dort verscharrt, wo sie zu Boden gesunken waren. Während die deutschen Ortschaften, Regionen, das ganze Autonome Gebiet der Wolgadeutschen ethnisch gesäubert wurden, dienten Tausende Rußlanddeutsche in der Roten Armee. Die Eltern, Großeltern, jüngeren Geschwister, Ehefrauen schufteten in kasachischen Bergwerken, sie schlägerten die Wälder im Hohen Norden, erfroren nördlich des Polarkreises, die jungen Männer aber durften zur ruhmreichen Ehre der Roten Armee gegen jenen Faschismus kämpfen, dem sich ihre deportierten Verwandten angeblich als Saboteure, Spione, Sympathisanten angedient hatten.

Im Schwarzmeergebiet zwischen den Flüssen Dnjestr und Bug allerdings war es anders. Dort stießen die deutschen und die aliierten rumänischen Truppen so schnell ins Land vor, daß es zur geplanten Deportation der ansässigen Deutschen nicht mehr kam. Die Kolonien der Schwarzmeerdeutschen fielen unter deutsch-rumänisches Kommando und blieben es, bis sich die Richtung, in der der Krieg sich fortfraß, wendete und die deutschen Truppen nach und nach die Gebiete wieder preisgeben mußten, die sie vordem erobert hatten. Und so kam es, daß Nikolajs Mutter zwischen 1941 und 1944 im ukrainischen Kutschurgan lebte, in einer Region, in der die SS eigene »Selbstschutzeinheiten« der »Volksdeutschen« ausheben ließ, während ihr »rußlanddeutscher« Mann sich in der Roten Armee eine Tapferkeitsmedaille und eine schwere Verletzung erwarb.

Nikolajs Mutter wurde 1944 von der abziehenden Wehrmacht zusammen mit den meisten Schwarzmeerdeutschen evakuiert und über das mit Deutschland verbündete Rumänien nach Ungarn verlegt, wo ihr Treck irgendwo steckenblieb und von den sowjetischen Truppen eingeholt wurde. Während ihr Mann aus dem Krieg schwer verwundet heimkehrte, wurde sie wie rund 250 000 anderer Deutscher aus der Ukraine, die denselben Weg westwärts gezogen waren und nun denselben Weg ostwärts antreten mußten, nach Zentralasien verschickt. Als sie, acht Jahre später, nach Stalins Tod, nach Kutschurgan zurückkehren durfte, kam sie gerade rechtzeitig, um ihren Mann, mit dem sie vierzehn Jahre verheiratet war, aber nur zwei gemeinsame Jahre gehabt hatte, noch ein paar Monate pflegen zu können, ehe er an den Spätfolgen der Kriegsverletzung zugrundeging.

Er hat, sagte Nikolaj, kein schlechtes Wort gesagt, als seine Frau heimkam und als Geschenk der Verbannung einen fünfjährigen Sohn mitbrachte. An seinen leiblichen Vater konnte Nikolaj sich nicht erinnern, er wußte, daß er Inguschete war und, wie die Mutter, unendlich fern der Heimat Schienen für die Eisenbahn legen mußte, wie die Mutter aus keinem anderen Grund als dem, einer gebannten Nation anzugehören. Von dem Mann, mit dem die Mutter verheiratet war, hatte er sich das Bild eines dürren, schweigsamen Mannes bewahrt, der auf der Ofenbank in der Küche lag und ihm manchmal durch den Haarschopf strich. Als er starb, traten die Komsomolzen an, dem Helden des Vaterländischen Krieges das sozialistische Geleit zu geben. Ein paar Jahre nach seinem Tod heiratete die Mutter einen Ukrainer, der Nikolaj adoptierte und mit dem sie unter seinem Familiennamen hinter dieser Mauer auf dem Friedhof lag.

»Verrückt, meine Mutter war Deutsche, mein Vater Inguschete, mein Stiefvater Ukrainer, und ich kann nur Russisch!«

Kaum daß er nicht mehr sprach, ächzte Nikolaj wieder mißmutig. Ich muß ihn fassungslos angestarrt haben. Er verlangte wiederum eine Zigarette, die er nach ein paar gequälten Zügen abermals wie wild mit dem Schuh zerrieb. Er spürte meinen Blick, bezog ihn auf dieses merkwürdige Verhalten und sagte: Ich habe es mir schon so oft abgewöhnt, weil es mir eigentlich gar nicht schmeckt! Das konnte ich verstehen, denn mir erging es genauso.

4

Schnurgerade führt die Lenina vom vormaligen Straßburg durchs frühere Baden ins einstige Selz, wo sie sich gabelt und den, der stur gerade weiter fährt, an einem gigantischen Kopf aus Erz zerschellen läßt: Lenin, die Züge grimmig gegen die Landstraße gerichtet, die über sechs, sieben Kilometer auf ihn zuführte, markiert hier den kolossalen, einschüchternden Endpunkt: Wer du auch bist und woher immer du kommst, hier hat dich Lenin erwartet, an dessen erzernem Schädel zerbirst, wer sich wider ihn wagt! Ich versuchte, mich an die kuriosesten Orte zu erinnern, die ich gesehen hatte, und war mir sicher, diese Straßengabelung in Selz gehörte dazu: eine endlose Allee, die durch alte Dörfer vor einen drei Meter großen, schwarzen Schädel führt, aus dem zwei für die Ewigkeit aufgerissene Augen starren, als wollten sie dich die ganze Strecke zurückjagen.

Hinter Lenins monströsem Schädel lag ein kleiner Park, mit alten, hohen Bäumen. Nach der einen Seite wurde er von Lenins Hinterhaupt begrenzt, nach der anderen von der gigantischen Ruine der Kirche von Selz. In Scherbanka war aus der Kirche eine mittlerweile geschlossene Turnhalle und aus dem Altar eine Bar geworden, hier verfiel eine viel größere Kirche, die noch als Ruine etwas Imposantes hatte. 1943 zählte die katholische Kirchengemeinde von Selz 2986 Gläubige. Die Kirche, oder was von ihr geblieben war, stand im Stadtpark, ein hohes, helles dreischiffiges Gebäude, in das es seit Jahren hereinregnen konnte und in dem es von Gemäuer und Verputz unentwegt bröckelte und rieselte. Als wir in das Innere der Halle traten, stießen wir auf dürre, schwarze Ziegen, die das Gras rupften, das zwischen den zerborstenen Steinen heraussproß. Hoch über dem Altar war mit schwerem Geschütz ein Loch in die Apsis geschossen, darunter prangte in cyrillischen Lettern der Spruch: »Ruhm unserem freien Vaterland!«

In dem kleinen Geschäft nahe des Lenin-Kopfes erkundigte ich mich, was mit der Kirche, in der der Ruhm des freien Vaterlandes so einprägsam verkündet wurde, geschehen sei, und die Verkäuferin brauchte eine Weile, bis sie dahinter kam, was ich gemeint haben konnte: Ach, die Kirche! Was sollte mit der sein? Die war schon immer so. Nein, mischte sich eine Kundin ein, sie sei 1975 hierhergezogen, und damals wurde zu Ostern und Weihnachten noch Messe gelesen. Das Geschäft, ein einziger großer Raum, hatte wenig von allem, Seife, Speck, Batterien, Hausschuhe, Lotterielose und auch Schnaps, den ein alter, gekrümmter Mann aus einer Teetasse trank, die er mit einem anderen Alten teilte. Er deutete den beiden Frauen den Vogel: Die Kirche hätte doch Lenin 1917 unter Beschuß nehmen lassen, und was heute noch stand, das war der Rest, den die Gardisten damals übrigließen. Sein Kumpan winkte ab, nein, es war in den dreißiger Jahren unter Stalin, da kicherte er, unter Stalin, als die Kirche als Silo verwendet und schwer beschädigt wurde.

Es war merkwürdig, über ein Bauwerk, das für das Dorf so bedeutend war und das jeder, der hier lebte, Jahr und Tag sah, keine gesicherte Auskunft erhalten zu können. Die Bewohner von Selz, das seit 1945 Limanské hieß, hatten offenbar beschlossen, die Ruine inmitten ihres Ortes zu vergessen, sie nicht mehr zu bemerken, an ihr vorbeizusehen, nein, durch sie hindurchzuschauen. Vielleicht wußte Eva Gontschar Bescheid, sagte einer der beiden Alten, und dieser Einfall beschäftigte gleich alle, die uns, zu fröhlicher Betriebsamkeit erwacht, umständlich erklärten, wo wir sie finden würden.

Rund hundert Meter vom Liman entfernt, verlief die Gorki-Straße parallel zur Lenina. Im Garten des Hauses mit der Nummer 31 stand eine städtisch wirkende, sportlich gekleidete Frau mit kurzem Haar. Ja, Eva Gontschar wohnte hier, hatte ihr ganzes Leben hier gewohnt und sei ihre Mutter. Sie führte uns ins Haus und gleich in ein kleines, mit dicken Teppichen ausgelegtes Zimmer, das offenbar der Empfangsraum für die Audienzen war, die Eva Gontschar gewährte. Der Ofen heizte den Raum, der vollgeräumt mit Gemütlichkeit war, mit Polstern, die auf den Sesseln lagen, bemalten Tellern auf den Regalen, Fotografien von den Verwandten und bunten Heiligenbildchen an den Wänden, zu stickiger, ermüdender Hitze. Nach einigen Minuten ein leises Schlurfen, ein paar unverständliche Worte, dann öffnete sich die Tür – und hereintrippelte, am Arm ihrer Tochter und im eigenen Haus mit zwei Kopftüchern angetan, einem dunkelblauen und einem geblümten darüber: Eva Gontschar, die älteste Deutsche von Selz und »iiberhaubt von all die Gegend do«; eine Neunzigjährige, gekleidet in Festtagstracht, mit einem braunen Stock in der arthritisch verkrümmten Hand, die Füße in warmen Filzpantoffeln.

Sie gab uns die Hand und prüfte die Besucher mit einem eindringlichen Blick aus wasserhellen Greisenaugen. Es dauerte eine Weile, bis sie Platz genommen hatte, aber dann begann sie gleich zu erzählen, sie wußte, was sich gehörte, wenn man die älteste Deutsche war. In der »Karich«, der Kirche, ist schon ihr Großvater getauft worden, hat sie selber im Chor gesungen und geheiratet und sind auch ihre Kinder aus der Taufe gehoben worden. Von den Kindern war nur mehr die jüngste Tochter bei ihr, die schlanke, attraktive Frau, die uns hereingeführt hatte. Der Mutter war sie allerdings zu schlank: »Die longt mit d'rr Strricknodl in d'rr Schmolztoffe.« Ob wir wußten, daß die Kirche zwei Türme gehabt hatte und nach dem Modell des berühmten Salzburger Doms errichtet worden war? Sie gab das als Sensation zum besten, doch als wir einwarfen, daß wir aus Salzburg kamen, zuckte sie die Achseln, als habe sie diesen Namen noch nie gehört. Es war eine schöne Karich gewesen, die Kirche von Selz, nur daß nach dem Krieg kaum jemand da war, der sie hätte besuchen wollen, es gab ja keine Katholiken mehr und auch keinen Hochwürden, und so wurde es um den Bau ganz von selbst immer schlimmer. Wie die Karich jetzt aussehe, wollte Frau Gontschar, die seit neunzig Jahren hier wohnte, aber ihr Haus schon lange nicht mehr verlassen konnte, von uns wissen, die wir vor zwei Stunden in Selz eingetroffen waren.

Sie sprach ein melodiöses, dunkles und weich rollendes Deutsch: die »Muddersproch«, die sie nach 1945 in der Öffentlichkeit gar nicht und in der Familie kaum mehr gebrauchte. Vor dem Krieg hatten in Selz fast ausschließlich Deutsche gelebt, nach dem Krieg in Limanské nur mehr eine Handvoll, und deren Kinder wurden in der Schule gehänselt, sodaß sie bald keine andere Sprache als ihre Kameraden sprechen wollten und schließlich sogar zu Hause das Deutsche verweigerten. Ach, der Krieg war eine schlimme Sache, seufzte Eva Gontschar. Was da vorgefallen war? Nun, »dem Hitler haben unsere Russen es arch gut gegebe«, faßte sie die Ereignisse zusammen, die auch über ihr Leben entschieden. Das Wichtigste war für sie, daß man sich als guter Mensch bewährte, und Gott hatte uns aufgetragen, alle Menschen zu lieben, Russen, Deutsche, überhaupt alle. Als sie uns daran erinnerte, drohte sie ein wenig mit dem erhobenen Zeigefinger, damit wir es uns auch merkten und auf allen unseren Wegen beachteten. Die Menschen zu lieben, den Mut nicht zu verlieren und ein guter Christenmensch zu sein, das war das Wichtigste.

Eva Gontschar fragte mich, ob ich wohl das Vaterunser aufsagen könne und ob wir bei uns zu Hause auch einen »Liewerhartgottl« hatten, ein Kruzifix, auf das sie im Herrgottswinkel deutete. Nachdem ich betreten genickt hatte, weil ich wußte, daß die Notlüge zwar keine schwere Sünde, aber immerhin doch eine war, leierte sie das Glaubensbekenntnis und darauf das Vaterunser herunter, ohne auch nur einmal innezuhalten. Mir war nicht klar, ob sie uns damit mehr ihre Kenntnisse der deutschen Sprache oder ihre Glaubensfestigkeit beweisen wollte. Doch lag eine besondere Inbrunst in ihrem Vortrag, so hatte sie ein halbes Leben lang ihre Gebete für sich gesprochen, denn ihr Glauben war ein Glauben im Verborgenen gewesen, für den sie niemanden hatte, mit dem sie ihn öffentlich hätte teilen können und den sie daher rezitierend täglich für sich zu erneuern suchte.

Ob denn viele Leute religiös gewesen seien, so wie sie? Kaum daß ich sie gestellt hatte, merkte ich schon, daß Eva Gontschar diese Frage für ungehörig hielt, nicht weil sie ihr zu persönlich war, sondern zu dumm. Natürlich waren alle so religiös wie sie gewesen und alle auf ihre, auf die verborgene Weise! Sie war davon überzeugt, daß selbst Stalin insgeheim an Gott glaubte und es nur nicht zugeben durfte. Eva Gontschar konnte sich nicht vorstellen, daß es Menschen gab, die nicht an Gott glaubten, denn der Mensch, immerhin, war ja kein Vieh.

Nach einiger Zeit begann sie mit dünner, brüchiger Stimme die erste Strophe von »Ihr Kinderlein kommet« zu singen. Zu Hause hatte ich nicht geahnt, wie viele Weihnachtslieder meiner Kindheit auf dieser Reise zu den Deutschen am Schwarzen Meer auf mich kommen würden. Die Sonne fiel schräg durchs Fenster, das Zimmer brütete eine gemütvolle Erschöpfung aus, es war mir, als würde ich langsam in das Lied einsinken, da schnarrte es plötzlich: »Kunnscht Du ah d'rr olte deitsche Liedrr?«

Hochgeschreckt, beeilte ich mich zu nicken, aber weil ich auf zu viele ihrer Fragen beflissen genickt hatte, wollte Frau Gontschar es jetzt einmal wissen. Und so kam es, daß ich am 18. Oktober 2004 in Limanské, vormals Selz, Gorkistraße 31, um halb vier Uhr nachmittags die zweite Strophe von »Ihr Kinderlein kommet« brummte und von der ältesten Schwarzmeerdeutschen des Rayons Kutschurgan dafür zur Belohnung ein Kreuz auf die Stirn bekam.

5

Zwei Wochen vorher waren wir mit dem Flugzeug aus Wien in Odessa gelandet und am Flughafen vom kubanischen Chauffeur des »Bayrischen Hauses« abgeholt worden. Es war kalt und regnerisch, wir fuhren über breite, von Akazien gesäumte Boulevards wie über Rumpelpisten und wußten schon auf der Fahrt zum Alexandrowskij-Prospekt, an dem das Bayrische Haus an der Ecke zur Uspenskaja lag, daß wir die Termine, die wir für die nächsten Tage vereinbart hatten, verschieben und die in Österreich gefaßten Pläne verändern mußten. Odessa verlangte gebieterisch, auch von uns in das Recht der Metropole eingesetzt zu werden, das Recht, den Besucher zu verwirren, aus der Bahn zu werfen, ihn auf ihren Rhythmus zu verpflichten.

Was ich sah in Odessa: Kinder, die zu zweit, zu dritt ein Kaffeehaus in der Fußgängerzone stürmten, behende zu den Tischen sprangen, sich die Speisereste von den Tellern grapschten und hinunterkippten, was an Tee, Kaffee, Bier, Schnaps von den Gästen übriggelassen worden war;

Kellner, die aussahen wie Leibwächter, die sich in der Kraftkammer sogar das Mitleid mit sich selber herausgeschwitzt hatten und doch in der Küche verschwanden, um sich mit undurchdringlicher Miene erst wieder den protestierenden Gästen zuzuwenden, wenn die Hungrigen davongestoben waren;

breite, vor 200 Jahren großzügig angelegte Gehsteige, die nächtens lebensgefährlich wurden, weil die Straßenbeleuchtung sogar in den zum Zentrum führenden Straßen schwach war und jeder zweite Kanaldeckel fehlte;

Märkte, an denen Kanaldeckel angeboten, sachkundig geprüft und gekauft wurden;

Rudel herrenloser Hunde, die tagsüber bettelnd neben den Fußgängern herliefen, bis diese einen der Hunde traten, worauf alle heulend die Straße hinaufsausten, und die nächtens im Schein vorbeifahrender Autos eng und zitternd aneinandergedrückt auf Schläge oder Nahrung warteten;

eine vornehme Dame, die jeden Abend um 19 Uhr in der

geschäftigen Sadova nahe der Hauptpost aus blutverschmierten Plastiksackerln Fleischstücke für die räudigen Köter ausstreute;

einen alten, blinden Straßenmusikanten, der an der Ecke der Lanjeronowskaja und der Ekaterininskaja Balalaika spielte, sein Haupt mit dem weißen, geöffneten Auge entrückt zum Himmel gehoben und dem man den Geldschein in die Mütze legte, indem man mit diesem zuvor leicht seine zupfende Hand berührte, was er mit einem Lächeln dankte, das entschieden etwas Heiligenmäßiges hatte;

Pensionisten auf der Potemkinschen Treppe, welche in der Wirklichkeit nicht halb so imponierend war wie in Eisensteins Film, die kommunistische Orden, Pelzkappen der Roten Armee und Kaviar in schlecht verschlossenen Behältern für frisch anboten und von denen mich einer, da ich daran keinen Bedarf hatte, mit langen Tiraden verfluchte, dann aber begütigend auf mich einredete und sich durch meinen betretenen Einspruch nicht davon abhalten ließ, mir einen Anstecker zur Verherrlichung des Kosmonauten Gagarin an die Wollmütze zu stecken;

unerhört viele Tafeln an Häusern, auch an unansehnlichen und in heruntergekommenen Gassen, die die Köpfe von bedeutenden Geistern zeigten, die hier gelebt oder Station gemacht hatten, Pioniere der modernen Medizin und Biologie, Dichterinnen, Maler, Sängerinnen, bulgarische, griechische, armenische Freiheitskämpfer;

überall in der Stadt ukrainische Aufschriften, auf den Straßenschildern, den öffentlichen Gebäuden, den Werbeplakaten – und eine Stadt, in der offenbar kaum jemand ukrainisch sprach, wenn er nicht, wie die Lehrer, Beamten und Politiker, beruflich neuerdings dazu gezwungen war, sondern ein jeder sich im Alltag des Russischen bediente;

zwanzigjährige Bürschchen, die ihr Luxusauto mit abgedunkelten Scheiben auf den Straßenbahnschienen einer Hauptverkehrsader abstellten, vor den Augen eines Verkehrspolizisten in das nächste Geschäft gingen, einkauften, nach fünf Minuten zurückkehrten und mit verächtlicher Gelassenheit dem salutierenden Polizisten abwinkten, ehe sie mit dem Auto losbrausten und sich der Stau, der sich gebildet hatte, endlich lösen konnte;

überhaupt diese dunklen großen Wagen, die, kaum daß der Verkehr zu langsam rollte, auf die breiten Gehsteige auswichen, sodaß Mütter mit ihren Kinderwägen und Alte am Stock sich in den nächsten Torbogen oder hinter eine Akazie flüchteten, ausnahmslos Wagen, deren Kennzeichen auf 777 endete, Nummern, von denen jeder Odessit wußte, daß sie der Staatsanwaltschaft und deren bevorzugtem Klientel, dem organisierten Verbrechen, vorbehalten waren;

den Blick der Passanten, die diese offene, selbstherrliche Korruption alle Tage machtlos zu beobachten hatten, Blicke, in denen ein Haß loderte, in dem man die rohen Gewinnler und Korruptionisten am Laternenpfahl baumeln sehen konnte, und Blicke, in denen der Haß schon wieder niedergebrannt war zur Hoffnungslosigkeit;

Menschen aller Rassen und Nationalitäten, Russen, Ukrainer, Juden, Bulgaren, Griechen, Türken, Armenier, Moldawier, Asiaten aus dem einstigen Sowjetreich und solche aus Malaysia, Korea, von den Philippinen, Levantiner, Araber, Schwarzafrikaner: auch Zuwanderer von heute, aber meistens Abkömmlinge von Völkern, die schon nach Odessa gezogen waren, als es 1794 auf den Trümmern einer türkischen Festung errichtet wurde, und hier heimisch sind, seitdem es Odessa gibt; Odessiten, seitdem diese Stadt existiert, die von Ausländern erbaut, errichtet, verwaltet, besiedelt wurde: erster

Statthalter – der französische Duc de Richelieu; erster Stadt-
planer – ein Spanier aus Neapel, Joseph de Ribas; der größte
Mäzen – Grigori Marasli, ein Grieche; der aufgeklärteste
Gouverneur – der russische Fürst Woronzev; die geometri-
sche Struktur der Stadt – eine Erfindung des deutschen Inge-
nieurs Wolan, in die der italienische Architekt Boffo die ersten prächtigen Bauten setzte.

Nichts existiert auf der Welt, das nicht auch in Odessa existierte, und daß hier alles in verstörender Gleichzeitigket an-
zutreffen ist, eben das hat Odessa ausgemacht und macht es
heute so anziehend und abstoßend zugleich, rauh in seiner
Lebendigkeit, in einem tolerant, berechnend, großzügig, ge-
schäftstüchtig.

6

Den kubanischen Fahrer, der im »Bayrischen Haus« angestellt
war, einer Kulturstiftung von beträchtlicher Strahlkraft, hatten die fünfzehn Jahren, die er hier lebte, längst zum Odessiten geschliffen, und wie er uns durch die Stadt chauffierte,
hielt er mit seinem urbanen Patriotismus nicht zurück. 1988
mit einem großzügigen Stipendium zum Studium ins be-
freundete sozialistische Ausland eingeladen, hatte er an der
Universität tatsächlich ein Diplom erworben, mit dem er aber
in Kuba nicht viel anfangen konnte, sodaß er mit seiner aus
Moskau stammenden Frau in Odessa blieb, den Zerfall des
sozialistischen Inlands erlebte und froh sein mußte, in der Ära
des kapitalistischen Aufbaus immerhin einen Job im Bayrischen Haus zu ergattern. Das Bayrische Haus, erklärten die
offiziellen Broschüren, die ich mir in München besorgt hatte,
war 1993 mit Geldern des Bayrischen Sozialministeriums und

der Evangelischen Kirche gegründet worden; seine Aufgabe war es, die kulturellen Beziehungen zwischen Deutschland und der Ukraine zu stärken sowie deutschen Umsiedlern aus Kasachstan, Tadschikistan und anderen asiatischen Republiken der UdSSR dabei zu helfen, in der Ukraine Fuß zu fassen.

Das klingt verwirrend, ist aber so schwer nicht zu begreifen. Als sie 1991 aus dem Verband der Sowjetunion austrat, hat die Ukraine als einziger der postsowjetischen Staaten die Deportationspolitik, wie sie unter Stalin praktiziert wurde, nicht nur rhetorisch verworfen, sondern auch praktische Rehabilitierung der Opfer versprochen. Namentlich waren es die Krimtartaren und die Deutschen gewesen, die einst aus ihren angestammten Siedlungsgebieten verschleppt und jetzt, ein halbes Jahrhundert später, von der ersten Regierung der unabhängigen Ukraine zur Rückkehr in die alte Heimat aufgerufen wurden.

Die Tartaren hatten über 500 Jahre auf der Krim geherrscht und betrachteten sich unter den vielen Völkerschaften der zur Ukraine gehörenden Halbinsel als deren einziges autochthones Volk. In den ersten Jahren der Sowjetunion wurden sie gefördert, in den dreißiger Jahren schweren Repressalien ausgesetzt. Im Mai 1944 wurden 250 000 Tartaren, 20 000 Griechen, 20 000 Armenier und 18 000 Bulgaren in einer einzigen Woche aus der multinationalen Krim vertrieben. Über Jahre war der sowjetische Geheimdienst damit beschäftigt, die historischen Spuren, die von der vielhundertjährigen Anwesenheit der Tartaren auf der Krim zeugten, zu zerstören. Zwangsweise in Usbekistan angesiedelt, vermochten sie trotz widriger Umstände den Zusammenhalt zu bewahren und als deportierte Nationalität die Erinnerung an die gemeinsame Kultur und verlorene Heimat zu hüten. Erst unter Gorbatschow wurden sie rehabilitiert, worauf sie sofort die organisierte Heimkehr zu planen begannen. Wohl 250 000 Tartaren leben mittlerweile wieder auf der Krim, beargwöhnt von den anderen Nationalitäten der Halbinsel, die die politische Einigkeit, die soziale Geschlossenheit und ökonomische Kraft der Krim-Tartaren gleichermaßen bewundern wie fürchten.

Als Vorbild für die eigene Volksgruppe werden die Krim-Tartaren heute auch von manchen Repräsentanten der Deutschen in der Ukraine beschworen. Indes, was jene vermochten, in Usbekistan nämlich Sprache, Religion, Kultur zu behaupten und gerade aus der Erinnerung an das Erlittene das Gefühl der Zusammengehörigkeit und den Mut zu beziehen, die Heimkehr einzuklagen, das gelang den Deutschen nicht in gleichem Maße. Vielerorts haben die deportierten Schwarzmeerdeutschen ihre Sprache eingebüßt, die gewohnten Sitten und Gebräuche in dem fremden Umfeld verloren, die traditionellen Berufe aufgegeben, die besonderen Formen des Zusammenlebens verlernt; und die Sehnsucht nach Heimkehr, sie galt bei ihnen bald weniger den Gebieten am Schwarzen Meer als dem mythischen Mutterland, von dem einst die Vorfahren aufgebrochen waren: Nicht heim in die Kutschurganer oder Beresaner Kolonien, nicht zurück nach Odessa wollten die allermeisten, sondern nach Deutschland, wo einst die Ahnen bittere Not litten und sie selbst jetzt dieser endlich für immer entrinnen würden. Von den 400 000 Deutschen, die der erste Präsident der unabhängigen Ukraine, Leonid Krawtschuk, zur Rückkehr in die Ukraine aufforderte, sind nur 40 000 dem singulären Aufruf tatsächlich gefolgt. Und von diesen hat die überwältigende Mehrheit die Ukraine nur als Wartesaal frequentiert, in dem sie sich niederließ, bis das Billet zur Reise nach Deutschland ausgehändigt wurde.

Das Bayrische Haus hatte sich ursprünglich zwei Aufgaben gestellt: Zunächst war gedacht, die Deutschen, die aus Asien zurückkehrten, materiell und logistisch dabei zu unterstützen, sich in der Ukraine eine neue Existenz aufzubauen. Es galt, Wohnraum zu beschaffen, Gewerbebetriebe zu gründen, den kulturellen Zusammenhang mit der versprengten deutschen Bevölkerungsgruppe zu stärken, wozu auch der Unterricht in deutscher Sprache gehörte, die die Kinder und Enkel der Deportierten meist nicht mehr gut oder gar nicht sprachen. Diese Hilfe nahmen die Rückkehrer gerne in Anspruch, doch zogen sie es gleichwohl vor, bei erster Gelegenheit, die sich ihnen bot, die Ukraine zu verlassen und nach Deutschland auszuwandern – oder, wie die meisten von ihnen es wohl verstanden: heimzukehren. Heimzukehren dorthin, wo sie selber freilich nie zu Hause waren, in ein Reich des Wohlstands, von dem sie sich unerhörte Soziallegenden erzählten. Wer wollte ihnen diesen Wunsch verargen – und daß sie alles taten, sich ihn zu erfüllen?

Den deutschen Regierungen war jedoch daran gelegen, die über Jahre nicht verebbende Auswanderung zu stoppen. Es kam dem deutschen Staat nämlich billiger, vermeintliche Deutsche, die nicht einmal Deutsch sprachen und sich in ihrer alltäglichen Kultur auch nicht wie jene Deutschen ausnahmen, die jetzt zwischen Bremen und Berchtesgaden wohnten, in der Ukraine zu unterstützen, als jedes Jahr wieder 100 000 verlorene Kinder, die endlich den Weg nach Hause gefunden hatten, als Sozialhilfeempfänger zu begrüßen. Auch daran ist nichts Anrüchiges; zumal sich jene, die auswandern wollten, oft kuriose Vorstellungen über das machten, was sie in der fremden Heimat erwarten mochte.

Als sich herausstellte, daß die Rußlanddeutschen auch mittels finanzieller Hilfe nicht dazu zu bringen waren, in der Ukraine oder Rußland zu bleiben, sondern unbesehen nach Deutschland übersiedeln wollten, war es naheliegend, diesen

Kenntnisse und Fertigkeiten zu vermitteln, die sie brauchen würden, um in Deutschland zu bestehen. So wurden für sie Förderkurse am Bayrischen Haus eingerichtet, in denen die deutsche Sprache, aber auch der Umgang mit Computern oder Grundkenntnisse des deutschen Staatswesens gelehrt wurden. Indes: Wer am schnellsten lernte, war als erster weg. Die sich geistig am regsamsten erwiesen, begriffen auch am besten, was man den Einwanderungsbehörden erzählen mußte, um als »Deutscher« anerkannt zu werden. Ein Vater, der bei der SS oder in einer von dieser eingerichteten »Selbstschutz-Einheit« das Mordhandwerk erlernt und ausgeübt hatte, war allemal ein Trumpf, den man bei den Behörden der demokratischen Bundesrepublik ausspielen konnte, um seine Deutschstämmigkeit glaubhaft zu verfechten. Im Gulag geboren und aufgewachsen zu sein, reicht hingegen nur dann aus, wenn die ermordeten Eltern einem wenigstens ein paar deutsche Lieder beigebracht hatten, die man heute noch gut – aber nicht zu gut, denn dies ließe auf sekundäre Aneignung deutscher Kultur schließen! – zum Vortrag bringen kann. Wie auch immer: die einen, die die Kurse des Bayrischen Hauses besuchten, wurden als Deutsche anerkannt und wanderten aus, die anderen wurden nicht anerkannt und besuchten künftig das Bayrische Haus nicht mehr. Sie resignierten darin, sich amtlich eine Nationalität bescheinigen zu lassen, die den Eltern ausgetrieben wurde und von der sie nicht glaubhaft machen konnten, daß sie dennoch die ihre sei.

Als uns der kubanische Chauffeur im Bayrischen Haus ablieferte, einem geräumigen, verwinkelten Haus an einer viel befahrenen Straße, bekamen wir es mit einer hochprofessionellen, technologisch auf den neuesten Stand gebrachten Bildungseinrichtung zu tun, in der rund 1000 junge Ukrainer und Ukrainerinnen in für sie keineswegs billigen Kursen eingeschrieben waren: Sie wollten es zu etwas bringen im Leben, und dafür waren sie bereit, deutsche Grammatik zu stucken, Managementkurse zu besuchen, Seminare über Buch- oder Betriebsführung zu belegen und mit einem Zertifikat abzuschließen; oder sie interessierten sich einfach für deutsche Literatur und saßen mit Gleichgesinnten im gutbestückten Lesesaal, sangen gerne und schafften es, in den berühmten Chor »Viva la musica« aufgenommen zu werden, der das halbe Jahr durch die Ukraine und Europa tourt ... Daß er ein »deutscher« Chor sei, hat nichts zu bedeuten, weder daß von ihm nur deutsches Liedgut zum besten gegeben würde noch daß die Mehrheit – manche sagen: auch nur eine verschwindende Minderheit – der Choristen aus der einstigen deutschen Volksgruppe stammte. Nein, so deutsch und nationalbewußt hält es das Bayrische Haus Gott sei Dank nicht. Und eigentlich hätte es mich, die Geschichte und Gegenwart der Schwarzmeerdeutschen überblickend, auch gar nicht zu wundern gebraucht, daß es keineswegs Honoratioren der deutschen Vereine von Odessa waren, die das beste Deutsch sprachen, das ich im Bayrischen Haus zu hören bekam, nicht Mitarbeiter, die der ansässigen deutschen Volksgruppe zugehörten, sondern eine Russin.

Die blitzgescheite, dreißigjährige Maria Dektrajenko, die als Vizedirektorin die Öffnung des Bayrischen Hauses für aufstiegswillige junge Ukrainer und Russen selbst repräsentierte, hatte Germanistik studiert und wußte sich auf deutsch rascher, präziser und geschmeidiger auszudrücken als alle die deutschstämmigen Mitarbeiter dieser Institution, die selbst, freilich nicht durch eigenes Verschulden, der Unterrichtung in der Sprache ihrer Vorfahren bedürftig schienen.

7

Herr Jungmeister war ein geistreicher alter Herr, der es schätzte, seine Gesprächspartner mit bissigen Bemerkungen zu verblüffen. Als wir unangemeldet bei ihm auftauchten und entschuldigend sagten, im Bayrischen Haus habe man uns seine Adresse mitgeteilt, erwiderte er prompt und ohne nachzufragen, mit wem wir es dort zu tun hatten: »Es ist eine Schande, daß diese schöne Russin am besten Deutsch spricht, aber eine noch größere Schande, daß die Kurse so teuer sind und unsere Deutschen sie sich nicht leisten können.« Jungmeister litt offenbar am Morbus Bechterew, der die von ihm Befallenen in eine vornübergebeugte Haltung zwingt, hatte aber gar nichts Behäbiges, Langsames an sich, sondern strahlte mit seinen 75 Jahren und trotz seiner gekrümmten Gestalt Quirligkeit und lebensfrohen Sarkasmus aus. Er war Gründungsvorsitzender des Vereins »Wiedergeburt« in Odessa, der seit 1991 Sektionen in der ganzen Ukraine unterhielt und dessen Mitglieder keineswegs glaubten, was der Titel ihres Vereines programmatisch versprach.

An eine »Wiedergeburt« der deutschen Volksgruppe in der Ukraine dachte kein Mensch, und gerade der Vorsitzende, der ein gebildeter Mann war, wußte genau, daß längst nicht mehr eine Renaissance des Deutschtums in der Ukraine anstand. Mehr als um die stolze Zukunft ging es bei den Treffen des Vereins um die Vergangenheit und daß diese von der Lüge, die über sie so lange staatsoffiziell verhängt war, befreit werde. Die alten Leute, die sich um die »Wiedergeburt« scharten, wollten einfach bestätigt bekommen, daß sie nicht die Fünfte Kolonne Hitlers gebildet und so in einem grausamen Jahrhundert ihr grausames Schicksal selbst verschuldet hatten. Sie wollten in dem Leid, das ihnen zugefügt worden war, anerkannt werden und sich nicht länger hinter vorgehaltener Hand, sondern stolz auf das Besondere ihrer Identität als Odessiten und Schwarzmeerdeutsche zugleich bekennen können. Sie wollten die entsetzliche Armut öffentlich machen, in der viele von ihnen steckten, und die Not zumal der Alten beklagen, deren Kinder das Land in Richtung Deutschland verlassen hatten und die hier bis ans Ende ihrer Tage einsam auszuharren gedachten.

Und sie wollten, nachdem sie sechzig Jahre lang verheimlichen mußten, daß sie deutscher Herkunft waren, sich mit Menschen, denen es ähnlich ergangen war, treffen und die Dinge, die geschehen waren oder noch geschehen müßten, bereden.

Jungmeisters Büro war so klein, daß außer dem Schreibtisch, einem Kopierer und einer Ablage für allerlei Zettelwerk nichts mehr Platz darin hatte. Als es ihm gelungen war, uns dennoch unterzubringen, sagte ich, daß wir auf der Suche nach den Schwarzmeerdeutschen seien.

»Ich auch. Haben Sie einen Schäferhund dabei?

– Sind es denn so wenige, daß man schon einen Suchhund braucht?

– Nein, so wenig auch nicht, aber wenn man nicht bellt, schlafen sie weiter.

– Wieso schlafen?

– Die Deutschen sind hier eine schlafende Nationalität. Es war für die meisten nicht schön, wach zu sein, also haben sie beschlossen zu schlafen. Wenn einer aufwacht, fragt er sich, wo der Alptraum ist, im Schlaf oder in der Welt. Aber man kann doch nicht immer nur schlafen. Was wird dann der Herrgott sagen, wenn man zu ihm kommt: Was hast Du mit Deiner Zeit getan, die ich Dir geschenkt habe, mein Lieber, immer brav geschlafen und sonst nichts?

– Was sollen die Deutschen denn tun, wenn sie aufgewacht sind?

– Naja, herausfinden, wo die Eltern gestorben sind, schauen, daß sie ein Grab bekommen.«

So ging es, wenn man mit dem Vorsitzenden der »Wiedergeburt« sprach. Jungmeister war besessen von der Vorstellung, daß es jedes Menschen Anrecht ist, ein Grab zu bekommen, auf dem sein Name steht:

»Ich bitte Sie, schließlich ist der Mensch doch kein Vieh!«

Lieber als über die Schwarzmeerdeutschen sprach er über den Soldatenfriedhof, den er seit Jahren mit einigen Helfern in Stand setzte. Einen Friedhof am Stadtrand, der Gefallene des Ersten Weltkriegs barg und auf dem er Grabsteine in 17 Sprachen für Soldaten aus 17 Nationalitäten errichten lassen wollte. Immerhin waren bei mehreren Schlachten in der Gegend um Odessa die multinationalen Armeen des österreichischen Kaisers und des russischen Zaren aufeinandergetroffen, und Jungmeister hatte schon Grabsteine mit kroatischen und polnischen, georgischen und ukrainischen, ungarischen und italienischen, tschechischen, russischen, armenischen und rumänischen Namen aufgestellt. Aber damit war er noch lange nicht am Ziel. Um ihn wieder auf das Thema zu bringen, das uns hergeführt hatte, fragte ich, wie viele Mitglieder die Odessiter »Wiedergeburt« hatte.

»Ewa 300, aber insgesamt werden wir rund 3000 Deutsche in Odessa sein.

– Können wir bei einem Treffen der ›Wiedergeburt‹ dabei sein?

– Natürlich, warum nicht? Aber was wollen Sie denn da, die meisten von unseren Leuten können ja nicht einmal mehr Deutsch. Wir unterhalten uns auf russisch, ganz gemütlich, über nichts Besonderes, nur so, wie es uns geht, wer seinen Mitgliedsbeitrag nicht gezahlt hat und wen ein Wehwehchen plagt. Aber wenn Sie möchten, zeige ich Ihnen gerne den Soldatenfriedhof, der wird Sie interessieren!« Vor einiger Zeit hatte die »Wiedergeburt« Konkurrenz bekommen, die »Assoziation der Deutschen in der Ukraine«. Beide Vereine verfochten dieselben Ziele, beide gaben eine Zeitung heraus: die der »Wiedergeburt« hieß entsprechend emphatisch *Hoffnung* und brachte unter deutschen Überschriften ausnahmslos Artikel in russischer Sprache. Die *Deutsche Zentrale Zeitung* der »Assoziation« wiederum war durchgehend zweisprachig gehalten und berichtete ansonsten über dieselben Themen dasselbe. Der Verdacht lag nahe, daß die Deutschen in der Ukraine sich weniger aus sachlichen oder ideologischen Gründen in zwei verfeindeten Organsiationen fanden, sondern aus Animosität, persönlichen Ambitionen und Ressentiments ihrer Proponenten. Jungmeister stritt das gar nicht ab, sondern ließ uns ein für allemal wissen, daß die Deutschen in der Ukraine nicht so gescheit wie die Juden oder die Tartaren waren, sondern dumm und es darum auch zu keiner vernünftigen Vertretung ihrer Interessen brachten. Für noch dümmer als die Deutschen in der Ukraine hielt er nur die Deutschen in Deutschland, weil sie an ihren Landsleuten im Osten kaum Interesse zeigten und das wenige Geld, das sie erübrigten, immer den falschen Leuten gaben.

Jungmeister war in Odessa geboren, die Mutter entstammte einer österreichischen Familie aus Böhmen, der Vater einer baltendeutschen aus Riga. Sie konnten beide gleich gut Deutsch, aber der Zufall – die Laune eines Beamten, die Hoffnung oder Schwäche ihrer Eltern in einem bestimmten historischen Moment – wollte es, daß der Vater im Paß als »Nemzi«, als Deutscher ausgewiesen war, die Mutter hingegen als Russin. Verrückt wie die Geschichte in diesem Winkel Europas im

20. Jahrhundert verlief, reichte das aus, daß sie beide auf ganz verschiedene Lebensbahnen gesetzt wurden.

Der Vater mußte 1938 ins Lager nach Archangelsk, während die Mutter mit dem Sohn in Odessa bleiben durfte. Verrückt wie es weiterging, wurde der deportierte deutsche Akademiker im Lager als sowjetischer Rüstungsarbeiter angelernt, während die daheimgebliebene russische Mutter nach der Besetzung der Ukraine durch die Wehrmacht entschieden germanisiert und aus ihrem zwölfjährigen Sohn ein stolzer Hitlerjunge wurde. Jungmeister erzählte das alles leichthin mit Charme und mit Witz, und die Episode mit der Hitlerjugend war ihm weniger peinlich, als daß sie ihm besonders bezeichnend erschien für sein verrücktes Jahrhundert. Nach dem Krieg wurde die Mutter, die vor dem Krieg der Staatsmacht als Russin unverdächtig war, vom Geheimdienst als vermeintliche Deutsche schikaniert, während der Vater, der wegen seiner nationalen Unzuverlässigkeit zur Zwangsarbeit verschickt worden war, sich als Angehöriger der werktätigen Klasse nach und nach proletarische Rechte erwarb. Deswegen beschlossen die Eltern, die ihre gemeinsame deutsche Nationalität über das Ende des Krieges hinaus trennte, daß der Sohn zum Vater in den geschlossenen Rayon Taschkent übersiedeln sollte; dieses Gebiet durften sie ein paar Jahre lang nicht verlassen, aber davon abgesehen, bekräftigte Jungmeister im Rückblick auf sein verrücktes Leben, sei es dort, wo ursprünglich überhaupt keine Deutschen lebten, in der Ära des späten Stalinismus für einen Deutschen leichter gewesen als in Odessa oder sonstwo in der Ukraine.

Er unterrichtete dreißig Jahre als Professor an verschiedenen Gymnasien, auf der Krim, in Bessarabien, zuletzt in Odessa. Die um Jahrzehnte verspätete Rückkehr der Deportierten und ihrer Nachfahren hielt er für gescheitert, auch wenn er es als Vorsitzender der »Wiedergeburt« öffentlich nie so bezeichnen würde. In den Leuten, die in den letzten zehn Jahren nach Odessa gekommen waren, vermochte er so recht keine Deutschen, wie er sie sich dachte, zu erkennen, wiewohl er sich bemühte, die gelichteten Reihen der »Wiedergeburt« auch mit ihnen zu schließen. Sie taten ihm leid, und er verstand, daß sie so geworden waren, wie sie ihm jetzt erschienen: als in die große Stadt geworfene Hinterwäldler, als unzivilisierte, rohe Leute aus der asiatischen Steppe. Sie tranken furchtbar viel Alkohol, hatten keine Manieren, besuchten nicht die Oper und wollten nicht arbeiten, sondern nichts wie weg, um in Deutschland Sozialhilfe zu beantragen. Nein, die jetzt ans Schwarze Meer zurückgezogen waren und sich beim deutschen Konsulat als Deutsche registrieren ließen, waren keine richtigen Schwarzmeerdeutschen mehr.

Ich wollte ihn beschwichtigen und fragte, ohne mit einer Antwort zu rechnen: Naja, was ist schon deutsch? Aber so ironisch er sonst zu sprechen pflegte, enthüllte mir Jungmeister nun aufgebracht und ohne jede Ironie das Geheimnis, woran er erkannte, ob etwas oder jemand deutsch sei. Deutsch, sagte er, bedeutet »pünktlich, fleißig, ehrlich sein. Und mit dem Auto stehenbleiben, wenn jemand winkt und mitgenommen werden will.«

8

Kaum daß Odessa gegründet war, zogen die ersten Deutschen in die Stadt, fleißig damit beschäftigt, als Handwerker und Händler das Ihre zum Aufstieg einer Stadt beizutragen, die bald schon für einzigartig galt, eine multinationale Metropole im Zeitalter des Nationalismus, eine Stadt der Händler, deren

Stolz es war, Theater und Museen und Straßen so breit wie die Boulevards von Paris zu errichten. Als Puschkin 1824 aus St. Petersburg hierher verbannt wurde, fand er am Rande des Zarenreiches eine gerade erst dreißig Jahre alte Stadt vor, die sich größere Freiheiten genommen hatte, als sie das prächtige, reiche St. Petersburg seinen Bewohnern gewährte. Gerade das Miteinander und Ineinander so vieler Völker erschien Puschkin als das spezifisch Europäische an Odessa: »Dort atmet alles europäische Atmosphäre/alles strahlt und schillert bunt/ in lebhafter, südlicher Vielfalt.«

Zur Vielfalt gehörten auch die Deutschen, von denen die Katholiken überwiegend in der Nähe des Hafens siedelten, die Protestanten bald ein eigenes großes Viertel um die Kirche St. Paul errichteten. Diese Kirche stand am höchsten Punkt der Stadt, sodaß ihr Turm von überall gesehen werden konnte und zu einem Wahrzeichen Odessas wurde. 1895 wurde an der Stelle der alten eine größere neue Kirche erbaut, nach Plänen des für Odessa so wichtigen Architekten Hermann Scheurembrandt. Das Geviert großzügiger Boulevards, in dessen Mitte die Kirche lag, wurde um 1900 von Tausenden deutschen Protestanten bewohnt, darunter einigen der wichtigsten Industriellen Neurußlands, aber, etliche Straßenzüge weiter, auch von Arbeitern, die sich in verbotenen kommunistischen Gruppen betätigten. Zu den nationalen Interessen, die die Zuwanderer hatten und zu denen etwa das Recht, deutsche Schulen zu gründen, gehörte, waren längst andere Interessen getreten, jene von Großkapitalisten, Großbauern, Kleingewerbetreibenden, Dorfarmen, Industriearbeitern, die alle von deutschen Einwanderern abstammten, aber die mehr mit den russischen, italienischen oder bulgarischen Angehörigen ihrer Schicht und Klasse verband, als daß sie ein gemeinsames Deutschtum auf ewig hätte einen können.

Wir waren mit der Übersetzerin Olga Larinowa unterwegs, die Reisegruppen durch die Ukraine führte und, als Zuzüglerin aus Moldawien, eine geradezu typische Patriotin von Odessa war. Seit Jahren machte sie Stadtführungen, deren Routen sie unter allen möglichen Gesichtspunkten zusammenstellte, Führungen durch das jüdische, griechische, italienische Odessa, durch das Hafenviertel, die Industriezone, die Museen, Odessa für Kinder, Frauen, Cineasten, für Freunde sakraler Bauten oder der Literatur, und jetzt war es ihr Ehrgeiz, mit uns zum ersten Mal eine Führung durch das deutsche Odessa zu erproben: also auf die Suche nach einer verlorenen Stadt zu gehen. Wir zogen einen Tag mit ihr durch Odessa, wurden von ihr zu Häusern geführt, in denen einst die ersten Buchhandlungen von ganz Noworossia standen, die Buchhandlungen von Berndt, Stürz, Sieversen oder Schleicher, und in denen heute Gastwirtschaften, Versicherungen, Reisebüros untergebracht waren; zu Häusern, in denen die größten Druckereien südlich von Kiew Bücher, Prospekte und Zeitungen wie die täglich erscheinende *Odessaer Zeitung* druckten und die jetzt baufällig waren; vor das Palais des Industriellen Falz-Fein in der Gogol-Straße, dort, wo man das Meer schon ahnen kann, dieses schwere und trotz aller Verspieltheit düster und schwerfällig wirkende Palais mit dem skurrilen Eck, in dem sich Atlas, in zweifacher Gestalt gebückt, die Last des ganzen Hauses geschultert zu haben scheint; vor das prächtige Liebmann-Haus, das Handelshaus Wagner, das Textilwarengeschäft Jacobi, vor das Evangelische Hospital, das weitausladende Nachtasyl, vor Lyzeen, Gymnasien, Musikschulen …

Neben der anmutigen Oper, einem Werk der Wiener Architekten Felber und Helmer, die die halbe k. u. k. Monarchie mit Opernhäusern bestückt haben, machte uns Olga auf ein lädiertes Wohnhaus aufmerksam. Es wurde gerade von oben nach unten restauriert, und die Instandsetzung hatte damit angefangen, daß die schönen Ornamente, die das oberste Stockwerk abschlossen, und die Stuckverzierungen des Daches heruntergeschlagen wurden. Das Haus hatte einer jener Geschäftemacher erworben, die binnen einem Jahrzehnt Multimillionäre geworden waren und es sich leisten konnten, mit dem Denkmalamt ihren Deal zu machen. Dieser sah vor, daß der neue Eigentümer das Haus restaurieren und zwei Wohnungen im Parterre für Gäste der Oper zur Verfügung stellen mußte. Im Gegenzug wurde ihm genehmigt, auf das denkmalgeschützte Bauwerk mit seinen alten Fenstern ein zusätzliches Stockwerk draufzusetzen, das ganz aus Glas war und in dem er selbst zu residieren gedachte. Die ganze Innenstadt von Odessa schien einer rabiaten Bauwut zu unterliegen, und viele alte Häuser hatten kürzlich einen oder zwei zusätzliche Stockwerke erhalten, die den Eindruck von riesigen Untertassen machten, die auf den Dächern ehrwürdiger Häuser gelandet waren und von diesen nicht mehr abzuheben vermochten. Zu ebener Erde fuhren die neuen Herren von Odessa in abgedunkelten Wagen, im obersten Stock hatten sie es gerne hell und mit großzügigen Glasfronten.

Endlich führte uns die Stadtwanderung durchs deutsche Odessa, das längst keines mehr war, zur Kirche St. Paul. Die war 1975 bis auf den Rumpf abgebrannt; neben diesem stand seit ein paar Jahren ein großes, helles Gebäude, das Pastorenhaus, wie es genannt wurde, das Verwaltungszentrum der Evangelisch-lutherischen Kirche, das einen kleinen behelfsmäßigen Kirchenraum, viele Büros, Seminarräume und eine Anzahl spartanischer Gästezimmer beherbergte. An diesem windigen Abend lag es unbeleuchtet an der verkehrsreichen Novoselskogo, durch die quietschend eine Straßenbahn rumpelte. Ein kräftiger Mann kehrte den Boden zwischen Pastorenhaus und Kirche und gab uns freundlich Auskunft: Morgen müßten wir kommen, sagte er, zur sonntäglichen Vormittagsmesse, da würden wir alle treffen, die wir suchten, den Bischof Ratz und den Pastor Gross, die Gläubigen aus Odessa, die immer schon Lutheraner waren, und die Gläubigen aus Kasachstan, die es neuerdings wurden. Der Mann, der so fleißig, wie es nur Deutsche tun, den Boden fegte, lachte gutmütig, denn selbst der Herr Bischof würde uns anderntags erzählen, daß die meisten Deutschen aus Kasachstan weniger eines inneren Drängens wegen die Gemeinschaft des christlichen Gottesdienstes suchten, sondern weil sie hofften, in der Kirche auf hilfsbereite Leute zu stoßen, die ihnen beim Ausfüllen von Formularen zur Seite standen und ihnen Rat gaben, wie man es mit den deutschen Behörden anstellen mußte, daß sie einen als Deutschen anerkannten. Wir boten dem Mann eine Zigarette an, er geleitete uns sachte ein paar Schritt vor seinen Wirkungskreis, das Gelände des Gemeindezentrums, hinaus. Tabak und Alkohol waren im Pastorenhaus verboten, so nachsichtig der Bischof war, wenn es um die Glaubensfestigkeit seiner Schafe ging, so kompromißlos hatte er den Süchten des Elends, dem Saufen und Rauchen, die nur weiter ins Elend führten, den Kampf angesagt.

9

Glockenhell waren die Stimmen der Bäuerinnen mit den schwieligen Händen und den frostroten Gesichtern. Nach und nach hatten sich im evangelischen Gemeindesaal über achtzig Leute versammelt, um die heilige Messe zu hören und die Kirchenlieder strophenweise in zwei Sprachen, auf russisch und deutsch, im mehrstimmigen Chor zu singen. Es war ein schlichter Raum, in dem Pastor Gross, ein kräftiger Mann von etwa dreißig Jahren, dessen Quadratschädel ein schwarzer Haarschopf bedeckte, der Gemeinde predigte. Auch er sprach abwechselnd Deutsch und Russisch; das geschah nicht allein aus Rücksicht auf die Russen, die sich zur lutherischen Kirche bekannten und an diesem Sonntag vielleicht ein Drittel der Kirchgänger stellten, sondern ebensosehr, um es den Deutschen nicht allzu schwer zu machen. Beherrschten doch die meisten von ihnen so wie der Pfarrer Russisch besser als Deutsch, ein Sachverhalt, für den sich jeder, mit dem wir ins Gespräch kamen, wortreich entschuldigte, als hätten sie ihre Muttersprache aus persönlichem Versagen im Laufe des Lebens vergessen.

Nicht vergessen hatte Valentin Dimitrijevitsch Rivkov die Sprache seiner deutschen Mutter. Er saß zwei Reihen vor mir auf der anderen Seite des Ganges, ein alter, schmaler Herr, den eine besondere Aura umgab. Er war 92, hielt sich kerzengerade und war mehr in die Kirche hereingetänzelt als geschritten. Nach der Messe kam er mit anderen Kirchgängern zu uns, denn Jungmeister hatte, als Pastor Gross die Predigt beendete, die Gemeinde auf die beiden Besucher aus Österreich aufmerksam gemacht und dazu aufgefordert, uns gefälligst Rede und Antwort zu stehen. Rivkov stellte sich mit seinem Namen und dem Satz vor: »Es freut mich, Ihre Bekanntschaft zu machen.« Er hatte an der Musikschule, die gegenüber der Kirche St. Paul lag, Klarinette und Saxophon unterrichtet und war ein großer Jazzliebhaber. Er fragte uns, ob wir Utjussov gesehen hatten, und meinte das Denkmal des legendären Orchesterleiters, das in der Fußgängerzone, an der zu jeder Tages- und Nachtzeit viel frequentierten Deribasivskastraße stand. Die Bronzestatue zeigte in Lebensgröße einen

Odessa, nächst St. Paul

gemütlichen Herren, der auf einem Stuhl saß und mit groß-
väterlicher Freundlichkeit das städtische Treiben betrachtete,
ein durchschnittlicher, unauffälliger Mann, wie er ringsum in
dem kleinen Park, der sich an die Deribasivska lehnte, auf vielen Bänken hätte sitzen können. Utjussov hatte mitten in der
Ära der stalinistischen Verfolgungen in Odessa eine Jazzband
geleitet, deren Musik eine geradezu selbstironische Note eig-
nete und die nicht nur in Odessa legendär geblieben war.

Rivkov sagte, daß dies die wahre Musik der dreißiger und
vierziger Jahre war, viel eher als die der Militärmusikkapellen,
in denen er so viele Märsche hatte spielen müssen. Rivkovs
Vater war Russe gewesen, und er selbst hatte den ganzen Krieg
über in der Roten Armee gedient, nicht als Infanterist, wie er
lächelnd hinzufügte, sondern als Klarinettist. Nach einiger
Zeit, die wir vor dem Pastorenhaus inmitten der vielen Kirchgänger, die nicht nach Hause gehen wollten, ohne dies und
das beredet zu haben, zusammen gestanden waren, reichte er
mir die Hand, deutete eine charmante Verbeugung an und
verabschiedete sich mit den Worten: »Es freut mich, Ihre
Bekanntschft gemacht zu haben.« Dann zog er heimwärts,
wie traumhaft sicher tänzelnd zwischen den vielen Löchern
im Asphalt, die auch Jüngeren gefährlich waren.

Die Messe dauerte lang, Pastor Gross gab es nicht billig. Er
wußte, daß er in einer Gesellschaft, die alle sozialen Sicherheiten preisgegeben hatte, als Geistlicher zu einem guten Teil
Sozialarbeit verrichten mußte, und legte gerade deswegen
Wert darauf, daß ihn die Gläubigen nicht nur in Fragen der
Rente, der Bankschulden, des Alkolismus von Familienmit-
gliedern zu Rate zogen, sondern sonntags auch zu ihm kamen,
um spirituelle Unterrichtung zu erfahren. Gross schien der
besondere Stolz seines Bischofs zu sein, denn der junge Mann
kam aus dem Kaukasus, war atheistisch aufgewachsen und

hatte mit sechzehn sein Erweckungserlebnis gehabt, das ihn den Weg zur Kirche finden und Pastor werden ließ. Er war einer von zehn Pastoren, die die über das riesige Gebiet der Ukraine verstreuten vierzig evangelisch-lutherischen Gemeinden zu betreuen hatten. Fünf der Pastoren kamen aus Bayern, so wie ihr Bischof, fünf waren Rußlanddeutsche wie Gross.

Bischof Ratz, ein stattlicher Herr, der in der Pension noch einmal eine verantwortungsvolle Aufgabe übernommen hatte und in die Ukraine gezogen war, machte sich keine Illusionen über die Gläubigkeit der ihm anvertrauten Lutheraner. Er wußte, daß die Kirche eine jener Zwischenstationen war, über die die meisten nach Deutschland gelangen wollten; sein Ziel war, hier in der Ukraine wieder ein lutherisches Leben zu fördern, aber über jene, die mit Luther nur nach Deutschland gelangen wollten, brach er nicht den Stab. Ihm war aufgefallen, daß die Kirche, der er vorstand und die den Namen »Deutsche Evangelisch-lutherische Kirche der Ukraine« trug, neuerdings von vielen Russen und Angehörigen anderer Nationalitäten aufgesucht wurde, und auch diese Entwicklung war ihm durchaus recht. Ihm stand der Sinn keineswegs nach einer deutschen Nationalkirche im fernen Slawenland, und in der erbitterten Feindschaft, die zumal die orthodoxen, aber auch die katholischen Kirchen der Ukraine gegeneinander hegten, nahm er eine entschieden ökumenische Position ein.

Die Orthodoxie war zerfallen in das Moskauer Patriarchat, das in der kommunistischen Ära als einzige christliche Kirche staatliche Huld genoß und noch heute nicht von seinem privilegierten Status als mit der Macht verbündete Staatskirche lassen mochte, in das Kiewer Patriarchat, das wider die russische Dominanz auf eine ukrainische Nationalkirche setzte, und in die Autokephale Kirche, die vor allem von exilukrainischen Kreisen in den USA unterstützt wurde. Die katholische Kirche wiederum war geteilt in die griechisch-katholische Kirche, die während der Sowjetära nahezu ausgelöscht worden war, und die römisch-katholische Kirche, in der einst die polnischen und ungarischen Gutsbesitzer das Sagen hatten und die vor allem in den ehemals österreichischen Gebieten Galiziens in der Westukraine ihre Positionen gehalten hatte. Wie uns Ratz die Situation der Ukraine darlegte, gewann ich den Eindruck, daß er die größten Vorbehalte gegen die diversen evangelikanischen Freikirchen hegte, die, so wie nach Lateinamerika, mit fundamentalistischen amerikanischen Missionaren neuerdings auch in die Länder der einstigen Sowjetunion zogen und sich sektenartig gegen alle anderen Kirchen und religiösen Gemeinschaften abkapselten. Ratz legte mir wortreich dar, daß die Deutsche Evangelische Kirche in der Ukraine hingegen die Idee von der Einheit der Kirche nicht aufgegeben hatte und der »versöhnten Vielfalt« verpflichtet war, und wie er mich so begeistert davon unterrichtete, glaubte ich es ihm sogar.

Die Gemeinde stimmte das siebte oder achte Lied an, und ich staunte wieder, wie herzergreifend diese bunt zusammengewürfelte Schar zu singen wußte. Da waren die Städter aus Odessa, die allesamt ausgezeichnet Deutsch sprachen, und die unverkennbar bäuerlich geprägten Rückwanderer aus Kasachstan, die kaum ein Wort davon verstanden. Fast überall, wo ich in Europa bedrohte nationale Minderheiten besucht hatte, waren es die Dörfler und unter ihnen vor allem die auf das Haus und die Erziehung der Kinder verpflichteten Frauen gewesen, die die Sprache der Minderheit und ihre Sitten und Gebräuche gehütet hatten. Diejenigen, die in die Großstädte arbeiten gingen, büßten hingegen, bei den Albanern in Süditalien nicht anders als bei den Sorben in Ostdeutschland, bei den Aromunen im Gebirge Mazedoniens wie bei den Cimbern in Norditalien, den kulturellen, sprachlichen Zusammenhang mit der Minderheit ein, der sie entstammten und der sie so verloren gingen. Hier, am Schwarzen Meer, war es genau umgekehrt: Die gebildeten Städter hatten sich ihre deutsche Sprache, die Reste ihrer deutschen Kultur behauptet, die aufs Land Deportierten hatten diese in den kasachischen Siedlungen verloren. Sie alle aber sangen an diesem Sonntag in zwei Sprachen mehrstimmig das Lied des Pietisten Nikolaus Ludwig von Zinzendorf aus dem Jahr 1721: »Rühret eigner Schmerz/irgend unser Herz,/kümmert uns ein fremdes Leiden,/oh, so gib Geduld zu beiden,/richte unsren Sinn/auf das Ende hin.«

10

Wenn Erna Eichmann lachte, hielt sie die klobige Hand grazil vor den Mund, damit die Goldzähne darin nicht so blitzten. Sie hielt sich die Hände oft vor den Mund, obwohl es in ihrem Leben nicht viel gegeben hatte, das zum Lachen war. Schon wie es angefangen hatte! Im Arbeitslager. Und der Name! Den hatte sie von ihrem Mann, einem Gewichtheber, den sie heiratete, gerade als Adolf Eichmann in Argentinien verhaftet und in Israel vor Gericht gestellt wurde. Die Eltern waren Wolgadeutsche aus der Saratower Gegend, die es bis zuletzt für einen Irrtum hielten, daß sie deportiert wurden, schließlich waren sie brave Kommunisten gewesen. Als sie von einem Tag auf den anderen ihre Heimat verlassen mußten, glaubten viele Deutsche an eine Verschwörung mittlerer Kader, die den Sozialismus schwächen wollten. Der wolgadeutsche Autor Leo Maier schrieb damals ein Gedicht, das sich in seinen Prozeßakten erhalten hat und in dem er die

Treue der »Sowjetdeutschen« zum guten Lenin beschwört, dessen Werk Stalins Paladine zerstörten: »Nein, Lenin hätte das nie zugelassen:/verleumdet Völker, ohne Schuld verbannt,/Er unterstützte stets die breiten Massen,/hat ihnen gleiche Rechte zuerkannt.«

Statt im schönen Saratow wuchs Erna im Gebiet Kustanai, Rayon Ordshonikidse, Kasachstan auf. Mit zehn mußte sie schon in der Kolchose schuften. Aber, erzählte sie, es war auch schön in der Steppe, alle Leute, mit denen sie zu tun hatte, gehörten verbannten Völkern an, waren Deutsche, Inguscheten oder Tschetschenen, und selbst in der »Zeit des Schweigens«, wie die Ära von 1941 bis 1955 genannt wurde, kaum daß sie vorbei war, hätte es eben auch Gutes in der Sowjetunion gegeben: daß nämlich nicht jeder nur an sich dachte und die Leute, besonders die Verbannten zusammenhielten.

Dann aber kam der Gewichtheber, ein Baum von einem Mann, der jeden Tag trainierte und mit dem sie am Wochenende zu Turnieren fuhr. Und der leider Eichmann hieß. In der »Zeit des Schweigens« hatte Erna nur Verbannte gekannt, von denen keiner auf die Idee gekommen wäre, die Anschuldigungen, die gegen die Sowjetdeutschen erhoben wurden, zu glauben oder auch nur im Streit eine der Anklagen abfällig zu wiederholen, war doch ein jeder selber mit ähnlich absurden Begründungen aus seiner Heimat vertrieben worden. Jetzt aber, Anfang der sechziger Jahre, in der Ära des sogenannten »Tauwetters«, war es anders. Man durfte herumfahren, konnte nicht ohne Grund einfach verhaftet werden und für Jahre verschwinden, man lernte andere Menschen kennen, und die trauten sich zu sagen, was sie dachten. Und was dachten sie? Daß Erna geborene Abt wirklich mit einem Verwandten des Massenmörders verheiratet war? Nein, sagte Erna und hielt sich die Hand vor den Mund, so einen Unsinn glaubten sie nicht, aber Witze machten sie, Witze, die auf Dauer gar nicht witzig waren, Eichmann, wann besuchst du deinen Onkel in Israel? Und einmal war es ihrem Mann, dem Gewichtheber, zu blöd, da hat er, als ihn nach einem Turnier wieder einer, den er besiegt hatte, wegen seines Namens aufzog, zugeschlagen; ohnehin nur einmal, stark wie er war, aber trotzdem hat das dem anderen gar nicht gefallen. Und weil der andere dummerweise mit dem Geheimdienst zu tun hatte, war Erna klar, daß ihr Mann in Kustanai nie mehr in Frieden seine Gewichte würde stemmen können. Deswegen überredete sie ihn, Kasachstan mit ihr und den drei kleinen Kindern zu verlassen und möglichst weit weg zu ziehen. Sie verstand von Politik nämlich viel mehr als er. Warum das so war? Einfach, weil »ich die Bolitich all gutt gewissen hab«.

Da wir die Zimmer in einem Hotel der Innenstadt hatten räumen müssen, waren wir in das Pastorenhaus gezogen, mit seinen preiswerten, sauberen Räumen, in denen nicht geraucht und kein Alkohol getrunken werden durfte. Erna fand richtig, daß es dieses Verbot gab. Sie war Putzfrau im Pastorenhaus, durch das sie den ganzen Tag mit dem geschulterten Besen schlurfte, als würde sie in einem Film die Statistenrolle einer Putzfrau spielen und sich allezeit für ihren kurzen Auftritt bereit halten, und hatte gehört, daß da zwei neue Gäste waren, die alle Leute, die ihnen über den Weg liefen, ermunterten, aus ihrem Leben zu erzählen. Wenn wir um neun in den Frühstücksraum gingen, paßte sie uns schon ab und strahlte uns mit erwartungsvollem Blitzen an. Nun, was wollt Ihr heute wissen?

In Odessa war ihr Mann zwar vor den Nachstellungen des nachtragenden Mitarbeiters des KBG sicher; aber sonst gab es hier nichts, was einem besser gefallen konnte als in Kasachstan! Die Leute, schon damals waren sie in dieser Stadt viel geiziger als auf dem Land, und der Alltag war hier so brutal und schnell. Keiner bremste mit dem Auto ab, wenn man über die Straße wollte. Und Deutsche schien es überhaupt keine zu geben, zumindest hatte sie bis vor drei Jahren, als sie nach der Pensionierung als Magazineurin den Posten im Pastorenhaus annahm, keinen einzigen kennengelernt. In mehr als zwanzig Jahren! Und mit dem Gewichtheber ging es in Odessa gar nicht gut, er war sehr unglücklich, so fern den Freunden und den Stätten seiner Triumphe. Keiner kannte ihn in Odessa als den bewunderten Sportler, der er in Kustanai gewesen war. Er fing zu trinken an, bis es nicht mehr weiterging mit ihm. Da hat Erna ihren Baum von einem Mann nach Hause, zurück nach Kasachstan geschickt und ihm aufgetragen, erst wiederzukommen, wenn er seinen Kindern ein Vorbild sein könne. Das war vor zwanzig Jahren, und er ist nie mehr wiedergekommen.

Fast konnte Erna ihn verstehen, auch sie sehnte sich nach Kasachstan zurück, das alle zu verlassen trachteten. Kasachstan war die Wüste der Verbannung, ein Land, in dem es im Winter eiskalt, im Sommer unerträglich heiß war, bis zu neunzig Grad Temperaturunterschied im Jahr, eine der unwirtlichsten Regionen der Erde. Aber Kasachstan war auch das Reich der Kindheit, und wenn Erna an Kasachstan dachte, war sie nicht nur wieder in der Verbannung, sondern auch in ihrer Kindheit, beides gehörte zusammen, und darum dachte sie an die Verbannung nicht nur verzweifelt und an die Kindheit nicht nur wehmütig. Gegen ihren Mann, der sich in einer Steppenstadt um den Verstand soff, empfand sie keinen Haß. So schön und stark wie er war, so arm und unglücklich sei er gewesen: Ach, er war eben ein Waisenkind, das seine Eltern im Arbeitstrud, im Arbeitslager, verlor, und ein Sportler, aus dem nichts wurde und der auch noch den falschen Namen hatte.

So traurig die Sache mit ihrem Mann war, so viel Glück hatte Erna mit ihren Kindern gehabt. Drei Wunderkinder! Sie hätten alle drei die Schule abgebrochen, weil sie sich mit den arroganten Odessiter Lehrern nicht vertrugen, aber sie schlügen sich besser durchs Leben als Leute mit Hochschulabschluß, weil sie einfach alles konnten, was man heute eben können mußte. Jeder von ihnen hatte ein Auto, das er sogar selber reparieren konnte, und jeder war flexibel genug, daß er sein Geld bald da, bald dort zu verdienen wußte. Erna schnalzte vor Mutterstolz mit der Zunge, und weil die drei neuerdings planten, nach Deutschland zu übersiedeln, überlegte sie, auch selber den Ausreiseantrag zu stellen. Aber vermutlich war Deutschland für sie doch nicht das richtige. Man hörte von dort so seltsame Dinge, beispielsweise, daß Männer untereinander heirateten. »Ich frog Eich: zu wos?«

II

Die Großliebentaler Kolonien waren im ersten Jahrzehnt des 19. Jahrhunderts in der Nähe Odessas von evangelischen Einwanderern gegründet worden. Die Siedlungen Groß- und Kleinliebental, Alexanderhilf, Neuburg, Mariental, Peterstal, Josefstal, Franzfeld, Freudental und Lustdorf blühten rasch auf. Getreide, Gemüse, Obst, Fleisch, Handwerksprodukte, das alles wurde schon im ersten Drittel des 19. Jahrhunderts aus den deutschen Siedlungen nach Odessa geliefert. In der Nähe des Bahnhofs entstand dort der Pryvoz, ein riesiger, noch heute faszinierender Markt, an dem die Bewohner der wachsenden Stadt jeden Morgen erstehen konnten, was die Bauern, die noch vor Morgengrauen aus ihren Dörfern aufgebrochen waren, geliefert hatten, und die Kolonisten wußten nicht nur anzubauen, was sie von zu Hause kannten, sondern auch, was ihnen Klima und Boden am Schwarzen Meer boten, Melonen etwa, Trauben, Paprika.

Odessa und die Großliebentaler Kolonien gehörten zusammen: diese wuchsen zu Wohlstand, und aus jener wurde eine Stadt, die mit allen Gütern, die es zu einem angenehmen Leben brauchte, aus der Nähe wohlversorgt war. Als hätte die Stadt kulturell auf die Dörfer ausgestrahlt, waren die Kolonien bekannt für das exzellente Schulwesen, das sich die Einwanderer schon in der zweiten Generation erstaunlich viel kosten ließen. Sogar eine eigene Lehrerbildungsanstalt war seit 1869 in Betrieb, und das Mädchengymnasium, das 1905 in Großliebental eröffnet wurde, war ohnehin eine Einrichtung, wie es in Rußland damals nicht allzu viele gab.

Nicht daß alles wie von selbst gedieh und es keine Rückschläge gegeben hätte! Die Chroniken berichten von Epidemien, die viele Opfer forderten, von Typhus, Cholera, rätselhaftem Fieber. Die Deutschen – und mit ihnen auch die Bulgaren, Griechen, Armenier, die Angehörigen so vieler Nationalitäten, die sich gleich ihnen im dünn besiedelten Noworossia ihre Existenz aufgebaut hatten – waren gerade ein halbes Jahrhundert im Lande, schon kam es zur Rücknahme jener Privilegien, mit denen sie einst ins Land gelockt worden waren. Der Krimkrieg, den Rußland 1853 schmählich verlor, führte zur überfälligen Modernisierung des Staates, zur Aufhebung der Leibeigenschaft, was vierzig Millionen Kleinbauern in die Freiheit des Elends entließ, zur Einführung der allgemeinen Wehrpflicht auf nicht weniger als sechs Jahre. Aus den Deutschen, deren Privilegien »für ewige Zeiten« verbrieft waren, wurden Untertanen wie alle anderen Untertanen in diesem durch und durch autoritären Staat.

Die Regentschaft des Zaren Alexander III. stand unter einer

Deutsche Kirgisen in der Ukraine

für Rußland neuartigen Losung, die »Ein Zar – ein Glaube – ein Gesetz – eine Sprache« lautete und in den selbstverwalteten deutschen Gemeinden zu Kampagnen der Russifizierung führte. Um sein nationalistisches Programm durchzusetzen, fehlte es dem Zaren jedoch an allem: an russischen Lehrern, die hinaus in die Dörfer gezogen wären, russische Bildung zu vermitteln, am Geld, Reformen nicht nur zu proklamieren, an aufgeklärten Beamten, und erst recht am Willen, dem morschenden Zarentum tatsächlich eine radikale Kur zu verpassen. Eines änderte sich aber doch: In der Ära des Nationalismus gerieten die Deutschen wie auch die anderen, einst flehentlich ins Land gerufenen Nationalitäten in den Ruch des Fremden, Feindlichen. Der ethnische Verdacht, sie wären in Wahrheit keine treuen, rechtgläubigen Untertanen und würden sich parasitär am russischen Volkskörper ernähren, war in die Welt gesetzt.

Als der Erste Weltkrieg ausbrach und die Kaiserreiche Deutschlands, Österreich-Ungarns und Rußlands den Untergang ihres alten Europa mit Millionen von Toten besiegelten, brach über die Rußlanddeutschen herein, was diese nationalistische Politik vorbereitet hatte: Da mochten 300 000 Rußlanddeutsche für den Gott der Orthodoxie, den Zaren und das russische Vaterland bluten, im Hinterland tobten doch Pogrome gegen die deutschen Verräter, wurde gar der Gebrauch der deutschen Sprache in der Öffentlichkeit verboten. Als 1917 die Bolschewiken den Krieg beendeten und verkündeten, allen Völkern und Nationalitäten das gleiche Recht auf Selbstbestimmung zu gewähren, haben das auch viele Rußlanddeutsche daher für einen Fortschritt gehalten, dem sie ihren Tribut gerne entrichten wollten.

Freilich, die ersten Vortrupps der kommunistischen Bewegung bestanden aus deutschen und österreichischen Kriegsgefangenen, die sich während des Krieges oder der Gefangenschaft zum Kommunismus bekehrt hatten. Und als diese nun, durch Krieg, Gefangenschaft, Hunger verroht, in Brigaden übers Land streiften, Vieh requirierten, Bauern von Haus und Hof jagten und Pfarrer von der Kanzel holten, mochten die Deutschen von Großliebental in ihnen keineswegs jene Volksgenossen erkennen, nach deren Lehre es sie verlangt hatte. Das »Revolutionskomitee der deutschen Kolonisten« bestand denn fast ausschließlich aus einstigen Kriegsgefangenen, die zum Aufbau des Sozialismus in Rußland geblieben waren und gegen deren rüdes Auftreten es zu spontanen Aufständen in den Liebentaler Kolonien kam. Sie endeten blutig, und manchenorts appellierten die drangsalierten Deutschen biedersinnig an die Sowjetmacht, sie doch nicht der Laune landfremder Marodeure auszusetzen.

Ab 1928 führten das mörderische, Millionen von Hungertoten einkalkulierende Programm der »Entkulakisierung« und der forcierte Umbau der Sowjetunion zum Staat der Schwerindustrie ins Desaster. Die Großliebentaler Kolonien waren nun zum »Rayon der Spartakisten« zusammengefaßt, und Landau, der Hauptort der Beresaner Kolonien, erhielt die revolutionäre Ehre, sich künftig »Karl Liebknechtowo« nennen zu dürfen. Da wie dort wurden die Bauern nicht nur enteignet, sondern viele von ihnen auch unter abstrusen Anklagen ins Gefängnis gesteckt, ein Schicksal, das ebenso der städtischen Bevölkerung, den Lehrern, Beamten, Kaufleuten beschieden war. In den späten dreißiger Jahren, nachdem die Angehörigen der besitzenden Klassen, die Großbauern und Unternehmer, bereits ihren Blutzoll entrichtet hatten, erwischte es, der stalinistischen Praxis gemäß, gerade jene, die mit der Sache des Kommunismus sympathisierten und im Dorfsowjet eine wichtige Rolle spielten. Manchenorts hinterließ die große

»Säuberung«, die mit stählernem Besen das halbe Land leerfegte, Kolchosen, in denen es kaum mehr arbeitsfähige Männer gab, weil die einen von der Roten Armee eingezogen waren, die anderen als Diversanten, Schädlinge, Spione hingerichtet oder ins Lager gesteckt wurden.

Die deutschen und rumänischen Truppen, die 1941 ins Land fielen, hatte es folglich nicht schwer, Sympathisanten unter der deutschen Bevölkerung zwischen Djnestr und Bug und auch in den Großliebentaler Kolonien zu gewinnen. In Alexanderhilf war Georg Stumpp aufgewachsen, der vom faschistischen Reichsministerium Ost ein eigenes, nach ihm benanntes Kommando erhielt, mit dem er die Zuverlässigkeit der deutschen Gemeinden erheben sollte und der getreulich »Dorfberichte« an die übergeordnete Stelle verfaßte. Das Reichsministerium Ost hatte keine andere Aufgabe, als die grundlegende Neugestaltung Osteuropas nach dem Endsieg zu planen. Den Süden der Ukraine dachten sich die Strategen der deutschen Herrschaft über Europa als Mustergau, in dem die Deutschen herrschen, die anderen Völker dienen und die Juden vernichtet werden sollten.

Die Einheiten der SS konkurrierten teils mit den Kommandos des Reichsministeriums Ost, teils ergänzten sie einander bei ihrer Arbeit. Daß es die SS und die von ihr geführten Selbstschutz-Einheiten waren, die unermüdlich das Schwert der Vernichtung führten und den Völkermord an den Juden der Region exekutierten, spricht die Abteilungen des Reichsministeriums Ost, die andere Aufgaben übernahmen, von ihrer historischen Schuld nicht frei. Bemerkenswert, daß jener Georg Stumpp, der im Dienste des Reichsministeriums so pflichteifrig tätig war, später in der Bundesrepublik Deutschland jahrelang als Grandseigneur der rußlanddeutschen Landsmannschaften firmieren konnte. Die SS und die ihr verbündeten Einheiten haben in Odessa binnen wenigen Tagen über 100 000 Juden ermordet oder auf den Todesmarsch in die transnistrischen Lager gejagt. Aber auch auf dem Lande wüteten sie mit grausamer Effizienz. Und wie es Schwarzmeerdeutsche gegeben hat, die ihnen dabei als freiwillige Hilfsmörder und Hilfstotschläger dienten, gab es Schwarzmeerdeutsche, die ihnen zum Opfer fielen, namentlich jene, die kommunistischer Sympathien verdächtig, mit Juden verheiratet oder Russen befreundet waren oder allzu treu zu ihrer Religion standen; immerhin waren viele Deutsche einst ausgewandert, um dem Militärdienst zu entgehen und hatten sich, wie etwa die Mennoniten, auch unter dem Zarismus geweigert, die Waffe für den patriotischen Zweck zu erheben.

Die Sympathie für die deutschen Besatzer, die manchenorts wie Befreier begrüßt wurden, schwand, sobald offenbar wurde, daß es den Nationalsozialisten keineswegs darum ging, die alte deutsche Volksgruppe in der Ukraine zu fördern. Die Bauern wurden vielmehr weiterhin in Zwangsverbänden organisiert und ausgeplündert, nur hatten sie jetzt die deutschen Truppen zu versorgen; und was die deutschen Siedlungen, die alten, seit bald 150 Jahren existierenden Kolonien betraf, so wurde mitunter per Federstrich verfügt, sie zu verlegen und an Stellen neu zu gründen, an denen sie größere strategische Bedeutung hatten.

Als die deutschen Truppen und die bis zum letzten Tag mordenden Einheiten der SS das Land endlich doch geräumt hatten, fanden die nachstoßenden sowjetischen Heere ein Land vor, das wirtschaftlich durch die stalinistische Entkulakisierung und die faschistische Usurpation zu Kriegszwecken ausgeblutet war. Aber das Land war nicht nur verwüstet, sondern auch seiner historischen Nationalitäten beraubt: ermordet die Juden, deportiert nach Zentralasien oder geflohen Richtung Westen die Deutschen, von den Ukrainern viele im Krieg gefallen, andere als vermeintliche oder tatsächliche Kollaborateure westwärts geflohen, wieder andere als vermeintliche oder tatsächliche Kollaborateure in stalinistische Straflager gesteckt, die Tartaren nach Usbekistan deportiert. In den nächsten Jahren und Jahrzehnten wurden Sowjetbürger aus allen Teilen der UdSSR in dieser Gegend angesiedelt. Als allerletzte kamen in den neunziger Jahren die Deutschen, die aus Kasachstan in ein Land zurückkehrten, das sich so verändert hatte, daß sie es nicht mehr erkennen konnten; und die sich in Kasachstan selber so verändert hatten, daß die Deutschen, die sich in Odessa hatten halten können, in ihnen nicht mehr die Nachfahren jener Deutschen erkennen mochten, die einst für die Versorgung Odessas gesorgt und zuverlässig mit ihren begabtesten Söhnen und Töchtern den Ruf der Stadt als Metropole der Wissenschaften und Künste gesichert hatten.

12

Iwan Lewil dachte nicht daran, deutsche Arbeiter in seiner Tischler-Werkstatt anzustellen. Diesbezüglich hatte er nationale Vorbehalte. Die Auftragslage war gut, er kam mit der Arbeit gar nicht nach. Wenn er zusätzliche Arbeitskräfte brauchte, erkundigte er sich in der Gegend nach arbeitslosen Ukrainern und Russen. Mit Deutschen probierte er es schon lange nicht mehr. Warum? Einfach »weil die Deutschen unzuverlässig, faul und verlogen sind«. Sie kamen schon am zweiten Tag zu spät zur Arbeit, von der er sie vorzeitig wieder nach Hause schicken mußte, weil sie so alkoholisiert waren, daß es zu gefährlich war, sie mit Elektrobohrern und Sägen hantieren zu lassen. Flink waren sie nur, wenn sie Ausreden für ihre Faulheit und Unzuverlässigkeit brauchten, da waren sie allerdings Weltmeister. Nein, Lewil hatte sich ein für allemal entschieden: ein Deutscher kam ihm nicht mehr in die Werkstatt.

Lewil war einer jener 40 000 Deutschen aus Kasachstan, die in den neunziger Jahren in die Ukraine zurückgekehrt waren. Und er war einer der berühmtesten von ihnen, ein Heimkehrer zum Vorzeigen. Im Bayrischen Haus hatte man uns gesagt, wenn wir einmal sehen wollten, wie gut die Integration klappen konnte, dann sollten wir nach Petrodolinskoje fahren und nach Iwan Lewil fragen. Im Pastorenhaus riet man uns, doch einmal einen Ausflug nach Petrodolinskoje zu machen und beim Tischler Lewil vorbeizuschauen. Und erst recht Klaus Fietsch von der bundesdeutschen »Gesellschaft für Technische Zusammenarbeit«, der im Auftrag der deutschen Regierung in der Ukraine wirtschaftliche und soziale Projekte teils mit erheblichen Zuwendungen förderte, schwärmte von dem Kleinunternehmer, der mit seinem Erfolg auch die ambitionierte Arbeit der GTZ zu rechtfertigen schien. Kurz, Iwan Lewil bewies, daß es nicht vergeudet war, Deutsche finanziell und logistisch dabei zu unterstützen, sich in der Ukraine eine Existenz aufzubauen. Er bewies, daß nicht jeder Deutsche das einfache Haus, das ihm die GTZ hinstellte, nach ein paar Monaten an Ukrainer verkauft und sich selber aus dem Staub gemacht hatte. Er bewies, daß selbst Deutsche in der Lage waren, die wirtschaftliche Starthilfe zu nutzen und eines Tages auf eigenen Beinen zu stehen. Alle Hilfsorganisationen, die seit Jahren ein Projekt nach dem anderen in die Schwarzmeersteppe setzten und scheiterten, den Deutschen nachhaltige Hilfe angedeihen zu lassen, waren dankbar, daß es Iwan Lewil gab, einen erfolgreichen Deutschen, der aus Kasachstan kam und nicht nach Deutschland weiter wollte, sondern in der Ukraine zu bleiben gedachte. Nur, Iwan Lewil, der Deutsche zum Renommieren, mochte keine Deutschen. Und wenn er nicht genügend Ukrainer bekam, gab er lieber ein paar lukrative Aufträge ab, als daß er in die Schenke ging und unter den wie er aus Kasachstan stammenden Deutschen nach ein paar tüchtigen Arbeitern fragte.

Peterstal liegt im Norden der Großliebentaler Kolonien. Als wir gegen Mittag eintrafen, fanden wir zu unserem Erstaunen kein altes Dorf, sondern eine Stadt mit einem Gürtel aus Plattenbausiedlungen, einer düsteren Kaserne, einigen Supermärkten und vielen Leuten auf der Straße vor, die um diese Zeit bereits sichtbar von dem Schnaps beeinträchtigt waren, den sie vormittags getrunken hatten. Wo hier die Siedlung der Kasachen war, wollten wir wissen, aber niemand wußte es, wie auch noch nie jemand etwas von Deutschen gehört hatte, die hier einmal gelebt und von denen sich jetzt wieder welche angesiedelt haben sollten. Auch der freundliche Soldat, der vor der Kaserne gar nicht stramm stand, sondern den Eingang eher gemütlich sicherte, indem er den vorbeigehenden Mädchen Scherzworte zurief, wußte uns nicht weiterzuhelfen, selbst als er das Gewehr im kleinen Wächterhäuschen deponierte, um ins Freie zu treten und besser nachdenken zu können. Endlich sahen wir doch, außerhalb der Gemeinde, eine Siedlung im Feld blinken. Das war das neue Peterstal, eine jener gezählten Siedlungen, auf die die deutsche Regierung, die Gesellschaft für Technische Zusammenarbeit, das Bayrische Haus und die Deutsche Evangelischlutherische Kirche der Ukraine ihren finanziellen, logistischen, spirituellen Beistand konzentrierten.

Die Kasachensiedlung bestand aus einer schnurgeraden

langen Straße, zu deren Seiten gleichförmig gebaute kleine Häuser standen. Mannshoch wucherte das Unkraut in den Vorgärten mancher Häuser, aus den anderen Gärten, die gepflegt waren, bellten Kettenhunde, wie rasend vor Zorn über die Störung durch unseren unverhofften Besuch. Kein Mensch war zu sehen. Das sollte die Siedlung sein, auf die keine Broschüre der deutschen Hilfsorganisationen hinzuweisen versäumte? Rund vierzig Häuser hatte die GTZ hierhergestellt, bescheiden, anspruchslos, aber mit einem sanitären Komfort, der den meisten ukrainischen Häusern in der Stadt Petrodolinskoje durchaus abging. Die lange Straße wirkte wie ausgeronnen von jedem Leben, außer fletschenden Hunden schien es hier nichts Lebendiges zu geben. Nach etwa fünfhundert Metern wurde die Straße von drei quergestellten, hallenartigen Gebäuden abgeschlossen, die keine Aufschrift trugen, worum es sich bei ihnen handelte, und mit Stacheldraht umzäunt waren. Endlich, als wir uns schon damit abgefunden hatten, in ein Geisterdorf geraten zu sein, errichtet zu keinem anderen Zweck, als in irgendwelchen amtlichen Bilanzen verbucht zu werden, sahen wir aus einer der Hallen einen Mann herauslugen. Er hielt sich reglos und sagte kein Wort; als wir das Tor, das ins Gelände führte, dennoch öffneten und ein paar Schritte nähertraten, schien er solchen Mut jedoch belohnenswert zu finden. Er kam heraus, stellte sich als Tischlermeister Iwan Lewil vor und bot sich an, uns seine Werkstatt und den Ort zu zeigen.

Lewil war groß, um die fünfzig, hatte einen mächtigen Schnauzbart und konnte Deutsch gut genug, daß er ohne Unterbrechung eine halbe Stunde lang schimpfen konnte, wobei ihm die Deutschen der liebste Gegenstand seiner Tiraden waren. Er führte diese Tischlerei, eine gut ausgestattete Werkstatt, seit einiger Zeit mit seinem Sohn allein. Früher hatten sie bis zu zehn Angestellte gehabt, aber das waren ja Deutsche gewesen und daher konnte nichts auf Dauer daraus werden. Jetzt arbeitete er fallweise mit drei oder fünf Ukrainern, um seine Kundschaft in Odessa fristgerecht mit den bestellten Bänken, Sitzgarnituren, Einbauschränken, Holzvertäfelungen beliefern zu können. Lewils Eltern waren Deutsche von der Krim gewesen und nach Kasachstan in einen Ort namens Toldi Korkan deportiert worden. Dort hatte Lewil in seinem ersten Leben als Berufsschullehrer gearbeitet, im zweiten hatte er sich, dem Aufruf der ukrainischen Regierung folgend, aufgemacht und in Petrodolinskoje niedergelassen. Das war vermutlich ein Fehler gewesen, sagte er, aber er war nicht hierher gezogen, weil er sich nach der mythischen Heimat der Vorfahren sehnte, sondern weil seit dem Zerfall der Sowjetunion ein starker Rassismus über Kasachstan rollte, der allen »Weißen« galt, gleich ob sie Russen oder Nachfahren der deportierten Deutschen waren.

Ob wir wußten, daß Stalin in den dreißiger Jahren eine Million Kasachen hatte umbringen lassen, darunter die ganze kommunistische Intelligenz, die Kämpfer der ersten Stunde, die hohen und mittleren Parteikader, nahezu alle Lehrer und Intellektuellen? Die verbannten Völker, die Deutschen, Inguscheten, Tschetschenen waren ja gerade deswegen nach Kasachstan umgesiedelt worden, weil dort, wo sich ohnedies unendliche Weiten zwischen Wüste, Steppe und Gebirge dehnten, viele Landstriche regelrecht entvölkert waren. Schon vor dem Zerfall der Sowjetunion war in den Kasachen die Erinnerung an das kollektive Leid erwacht, das ihnen von den Weißen zugefügt worden war, wobei sie jetzt die Weißen mit den Russen und diese mit den Stalinisten verwechselten. Lewil war jedenfalls nicht aus deutschen Illusionen in die Ukraine übersiedelt, sondern weil er den kasachischen Nationalismus fürchtete. Aber, sagte er, verrückt wie es zugeht, gälten er und die Leute, mit denen er übersiedelt war, hier nicht als Deutsche, sondern als Kasachen.

Anfangs waren sie etwa dreißig, vielleicht vierzig Familien gewesen, die sich in Petrodolinskoje in den Häusern ansiedelten, die die Gesellschaft für Technische Zusammenarbeit für sie vorbereitet hatte. Das war 1993. Fünf Jahre später hatten die meisten seiner Landsleute die Häuser an Ukrainer verkauft und waren nach Deutschland übersiedelt. Jetzt waren sie vielleicht noch vier oder sechs kasachstandeutsche Familien, die hier lebten. Man könne es an den Häusern erkennen. Dort, wo das Unkraut die Häuser umwucherte und die Zäune einstürzten, hausten Deutsche. Wo der Garten gepflegt war und das Haus instand gehalten wurde, dort waren die Ukrainer zu Hause. Der das erzählte, mit Grimm und Verachtung, war Iwan Lewil, der deutsche Unternehmer von Peterstal.

Er begleitete uns zur benachtbarten Werkstatt, die von außen ähnlich abweisend wie die seine wirkte. Dies war die Schneiderei der Nelly Walbert, der zweiten allseits bekannten Gestalt deutschen Unternehmertums in den einstigen Großliebentaler Kolonien. An den Wänden waren Fotos aufgehängt, die den Besuch bundesdeutscher Delegationen festhielten, irgendwelche Abteilungsleiter irgendwelcher Stiftungen machten pflichtgemäß interessierte Miene und hatten sich offenbar Mühe gegeben, nicht zu bemerken, daß sie sich in einem Potemkinschen Dorf befanden. Vielleicht würden sie abends ja in Odessa in einem guten Lokal unweit der Potemkinschen Treppe zu Abend essen und sich erklären lassen, wie prächtig die deutsch-ukrainische Zusammenarbeit sich anließ.

Nelly Walbert war nicht besonders erfreut, zur Mittagsstunde gestört zu werden, aber sie gab sich Mühe, uns die Ausstattung der Schneiderei, die vor allem Uniformen in jenem Tarnmuster herstellte, wie sie in der Ukraine von so vielen Männern als Freizeituniform getragen wurde, zu erklären. In guten Zeiten hatte sie zwanzig Angestellte, sonst ein paar weniger. Deutsche waren nicht darunter. Wir wußten ja schon von Lewil, wie es mit den deutschen Unternehmern und den deutschen Arbeitern stand. Nelly Walbert bestätigte, was Lewil uns davon erzählt hatte. Freilich, sie konnte es nicht auf deutsch bestätigen, nur auf russisch, und bat Lewil, es für uns zu übersetzen. Als er das tat und sagte, die Deutschen hier wären leider nicht besonders fleißig, korrigierte sie ihn mit den einzigen Worten, die sie auf deutsch zu uns sprach: »Unsere Leute«, sagte sie, »unsere Leute – viel faul und viel Schnaps.«

13

Nur wenige Autominuten südlich von Petrodolinskoje liegen Jossipowka und Marianowka, die alten Liebentaler Kolonien Josefstal und Mariental. Es ist die rauhe Gleichzeitigkeit, die in diesen Ansiedelungen fasziniert, denen ihr architektonischer und sozialer Zusammenhalt, die überkommene Struktur eines Dorfes, einer Kirchengemeinde oder einer funktionierenden Kolchose verlorenengegangen sind. Alte Häuser, deren Anstrich frisch wirkt und deren Gärten verraten, mit wieviel Fleiß und Liebe hier Gemüse gezogen und Blumen gezüchtet werden, stehen inmitten von alten und neuen Bruchbuden, die von Menschen bewohnt werden, die kein Geld haben, keine Hoffnung oder keinen Willen mehr, ihrem Niedergang zu trotzen. Dort sieht man noch den Rest eines schön geschwungenen Mauerwerks, aber darüber und daran ist ein ausladender Schuppen aus Blech gebaut, wie ein riesiges Pissoir, und doch ein Lokal, in dem die Jugend der Gegend sich zum Tanzen einfindet. Auf der Gemeindewiese liegen die rostenden Teile eines großen Uranium-Modells verstreut, das hier einmal den Fortschritt der sozialistischen Wissenschaften versinnbildlicht haben mochte und die seit Jahren niemanden so stören, daß er sie weggeräumt oder neu zusammgefügt hätte. Die Achtlosigkeit galt dem, das allen gehörte, war aber bei vielen Bewohnern bereits auf die enge Welt der eigenen Dinge, des Hauses, Gartens, der Kleidung übergesprungen; fast dankbar waren wir, wenn wir auf die Oasen gut gewarteter Häuser, kleiner Gärten mit Kinderspielzeug darin, einer Werkstatt, in der gehämmert wurde, eines behelfsartig hingestellten Kiosks stießen, an dem eine dicke Frau Äpfel, Karotten und Kartoffel verkaufte.

Da wir keinen Ortskern fanden, blieben wir auf einer Straßengabelung stehen, in deren Mitte Schutt und Metallteile lagen, und hofften, durch ein wundersames Ereignis aus der Betäubung erlöst zu werden, mit der wir seit unserem Besuch in Peterstal geschlagen waren. Nach etlichen Minuten fuhr ein dicker alter Mann, die Zigarette im Mund, auf dem Moped vorbei, bremste ab, wendete, fuhr ein Stück zurück und begann uns dann wie ein Jugendlicher, den das Leben mit langweiligen Runden erfreut, zu umkurven. Obwohl er die Zigarette nicht aus dem Mund nahm, gelang es ihm zu grinsen, und endlich blieb er direkt vor uns stehen, nickte, zwinkerte vertraulich noch ein wenig seinem Nicken hinterher und schaute uns dann geradezu fordernd an. Wirklich, was machten wir hier, in diesem Ort, durch den kaum je Fremde kamen, an dieser elenden Straßengabelung, die wir uns zum imaginären Hauptplatz erkoren hatten? Ob das Jossipowka sei, fragte ich, weil mir nichts anderes einfiel. Ja, Jossipowka, erwiderte der Alte auf dem Moped und schien sich zu freuen. Ob er aus Jossipowka stamme? Ja und nein, das war schwierig. Schon dreißig Jahre lebte er hier, aufgewachsen war er jedoch in Kostroma, das lag in den Wäldern etwa 300 Kilometer nordöstlich von Moskau, ziemlich weit weg von da. Aber seine Eltern, die kamen wieder von ganz woanders, er dachte nach, aber es fiel ihm nicht ein, woher. Er lachte und machte diese abwinkende Geste mit der Hand, mit der man bedeutet, daß etwas ohnehin nicht dafür stehe.

Die absichtslose Geste erinnerte mich daran, wie befremdlich es für diesen Mann sein mußte, nach der Vergangenheit Jossipowkas befragt zu werden, nach den Deutschen, die an dieser Stelle 1805 den Fluß Baraboi erreichten. Von diesem ersten Jahr berichtet eine alte Chronik, daß »sehr viele Menschen am Fieber und am Durchfall« starben. Schon 1820 »herrschte wiederum eine epidemische Krankheit, woran sehr viele Leute starben«, und 1830 grassierte der Typhus. Im Jahr darauf trat der Baraboi über seine Ufer, überschwemmte den Ort und die Felder, riß Vieh in den Tod; 1838 gab es ein Erdbeben, 1844 vernichtete Hagel die Ernte, 1847 waren es Heuschrecken, die großen Schaden anrichteten. Gleichwohl wurde Josefstal, eine katholische Gemeinde der ansonsten protestantischen Großliebentaler Kolonien, von den Zeitgenossen für ihre malerische Schönheit gerühmt.

Wir befanden uns in einem Ort, der wirkte, als wäre er vorsätzlich zerstört worden, und doch lebten hier Menschen, die auf ihre Häuser achteten oder die Gärten verwildern ließen, die zum Kiosk gingen, sich beim Einkauf unterhielten oder betrunken herumstritten, die zur Unterhaltung mit dem Moped durch die Gegend kurvten. Ich wußte nicht, ob ich sie zu bedauern das Recht hatte oder ob es engstirnig war, ihren Ort daran zu messen, wie er einmal ausgesehen und was er bedeutet hatte, ihn mit jenen Orten zu vergleichen, die ich

Wie es war, eine Schwarzmeerdeutsche zu sein

in der Welt kennengelernt hatte und die mir, selbst in ihrer Armut oder sogar in ihrer Unansehnlichkeit, doch menschengemäß erschienen waren im Vergleich mit Jossipowka, dieser schäbigen, lieblosen Kette von Behausungen. Unser Freund wußte nicht, woher seine Familie stammte, er hatte die Verbindung zu denen, die ihm vorangegangen waren, eingebüßt. Warum sollte er sich für die interessieren, die vor ihm in diesem Ort gelebt hatten? In den einstigen Großliebentaler Kolonien wußten viele nicht, daß diese von Deutschen gegründet, ja viele Häuser, die sie bewohnten, von deutschen Kolonisten gebaut worden waren, aber sie wußten auch nicht, wo ihre eigenen Vorfahren gelebt hatten, woher sie selber gekommen sind, Strandgut ungeheurer Völkerwanderungen, die bürokratisch verfügt, vom verheerenden Krieg verursacht oder vom Elend erzwungen wurden. Der Mann, der den Tag damit zubrachte, in Jossipowka mit dem Moped herumzukurven, war an die Siebzig und konnte nicht Auskunft geben, weder über den Ort noch über sich selber, doch zeigte er uns Mißmutigen die Straße nach Marjanowka, ehe er, so gut gelaunt, wie er halt gemacht hatte, wieder davonfuhr.

Marjanowka glich Jossipowka, nur hatte das einstige Mariental eine kleine Außenstelle der Sozialstation, die das Bayrische Haus und die Evangelisch-lutherische Kirche in dem noch einmal rund zehn Kilometer entfernten Nowogradowka betrieben. Diese Sozialstation wurde von Schwester Doris betreut, einer Diakonissin aus Deutschland, die im Pastorenhaus in Odessa ein kleines Zimmer bewohnte und sich alle Tage mit der gleichen, ihr wie eingewurzelten Zuversicht auf den Weg in die Dörfer aufmachte. In Nowogradowka, dem einstigen Neuburg, Dobroalexandrowka, vormals Alexanderhilf, und Marianowka lebten jetzt vielleicht 4000 Menschen. Unter ihnen gezählte Greise, die in diesen Dörfern geboren wurden und schon lange kaum mehr wen hatten, mit dem sie sich auf deutsch unterhalten konnten, und einige Dutzend Familien, die in den letzten zehn Jahren aus Kasachstan zugewandert waren.

Wie in Petrodolinskoje hatte ihnen die Gesellschaft für Technische Zusammenarbeit auch in Nowogradowka den Gasanschluß gelegt und einfache Häuser hingestellt. Der vorbildhafte deutsche Unternehmer von Nowogradowka hieß Zybakow, züchtete Schweine, war zudem Transportunternehmer und findig noch in einigen anderen Branchen tätig. Im Unterschied zu seiner russischen Frau, die die Büroarbeit erledigte, sprach Zybakow, der Renommmierdeutsche der Hilfsorganisationen, kein Wort Deutsch. Das war auch nicht nötig, denn er wollte ohnehin nicht nach Deutschland weiterwandern, sondern fand, daß man in Nowogradowka sein Glück machen konnte, wenn man nur wollte. Er wollte, und dafür brauchte er außer deutscher Starthilfe fleißige ukrainische Arbeitskräfte, denn wie Iwan Lewil und Nelly Walbert war auch Zybakow überzeugt, daß die Deutschen zu arbeiten verlernt hatten und es ihnen auch nicht mehr beizubringen war.

Schwester Doris kümmerte sich um die Kranken, Alten, Vereinsamten, sie war Seelsorgerin, Krankenschwester und Sozialarbeiterin in einem, und wenn sie mit ihrem Wagen auftauchte, dann war das für viele in Nowogradowka, Dobroalexandrowka oder Marjanowka der schönste Moment, den sie an diesem Tag erleben mochten. Die einen waren zu alt, um das Haus noch zu verlassen, die anderen zu arm, um sich die notwendigen Medikamente zu kaufen, da hatte sich ein Mann aus dem Staub gemacht und seine Frau mit den Kindern sitzen gelassen, dort haderte einer mit den Schulden. Schwester Doris ging resolut und sanft zugleich an die Arbeit, und woher sie die Kraft bezog, sich Tag für Tag dem Leid der Vielen zu stellen, ohne darüber zu verbittern oder zu verzweifeln, darüber schwieg sie sich aus, wie sie freundlich verschlossen überhaupt ablehnte, über sich und nicht die Menschen zu reden, für die sie da war. Vielleicht, dachte ich, ist das der schöne Abgesang auf die deutsche Besiedelung von Noworossia: Daß hier eine junge Diakonissin aus Deutschland, die immer im strengen Habit ihrer Kongregation ging, für alle, für Kasachen, Ukrainer, Russen, Moldawier, Bulgaren und jene, die Deutsche sein wollten oder es mittlerweile aufgegeben hatten, es zu wollen, da war und tat, was eben zu tun war. Und zu tun gab es genug in dieser Region, in der der Staat die elementare Grundversorgung nicht mehr sicherte und sich vielenorts auch die alltägliche Kultur, den schlechten Verhältnissen etwas entgegenzusetzen, Nachbarschaft, Zusammenarbeit, Religiosität, Selbsthilfe, zersetzt zu haben schien.

14

Wir waren schon weit im Land herumgekommen und hatten um Kudrjawka immer noch einen Bogen gemacht. Das Bild eines Ortes im Niemandsland, eine strategisch geplante und mit bundesdeutschen Finanzmitteln ausgestattete Vorhölle auf Erden, begleitete uns während der ganzen Reise, doch je mehr wir von Kudrjawaka hörten, umso länger zögerten wir hinaus, endlich hinzufahren. Ein paar Mal waren wir in die Nähe des Ortes geraten, auf den Fahrten zu den Beresaner Kolonien achtzig Kilometer nördlich von Odessa, von denen weder die Leute aus dem Bayrischen Haus noch die Mitarbeiter der Deutschen Evangelisch-lutherischen Kirche in der Ukraine wußten, daß es sie gegeben hatte und daß sie ein

Zentrum der deutschen Geschichte in der Ukraine gewesen waren.

München, Rastatt, Speyer, Rohrbach, Karlsruhe, Worms hatten die Beresaner Siedlungen geheißen. In Landau, zwischenzeitlich Karl-Liebknechtowo und heute russisch Schirokolanowka, ukrainische Schirokolanivska benannt, hatten sich zwei-, dreitausend Einwohner nicht nur Fachschulen, sondern sogar ein eigenes Theater geleistet; und in Worms, das heute wie stillgelegte Winogradnoje, ließ Pastor Daniel Steinwand im 19. Jahrhundert die erste Taubstummenanstalt Noworossias einrichten. Jetzt war vom kleinstädtischen Worms ein halbverlassenes Dorf übriggeblieben, das man leicht übersehen konnte, weil die Hauptstraße an ihm vorbeiführte und es sich hinter dem Triumphbogen einer aufgelösten Kolchose geradezu verbarg.

Wir hatten selbst gezaudert, unter dem Triumphbogen hindurchzuschreiten, und dann gestaunt, wohin uns die Allee führte: in einen halbverlassenen Ort, dem man auf wehmütige Weise immer noch ansah, wie großzügig er angelegt worden war. Eine breite Dorfstraße, zu beiden Seiten von Bäumen gesäumt, dahinter ein Flecken Rasen, der Graben für abfließendes Wasser, dahinter ein Gehweg, dann wiederum ein kleines Stück Rasen, dann ein Holzzaun und erst dahinter das Haus mit seinem großzügigen Garten. Nur jedes dritte der geräumigen Häuser, deren Fassaden noch den Anstrich vieler Farben verrieten, helles Grün am First, darunter ein kräftiges Blau, eine gelbe Verzierung, war noch bewohnt. Da die Straße am Ort vorbeiführte und direkt vor dem Triumphbogen eine Bushaltestelle lag, gab es in Winogradnoje keinen Verkehr, wie sich an diesem Herbsttag überhaupt kaum jemand sehen ließ. Diesen Ort wiederzubesiedeln und jene, die ihn noch nicht preisgegeben hatten, dabei zu unterstützen, ihre Existenz hier zu bestreiten, wäre ein anspruchs- wie sinnvolles Projekt wirtschaftlicher Förderung gewesen. Aber an ein solches Vorhaben war gar nicht zu denken, und die wenigen, zumeist alten Leute, die wir trafen, erzählten nur, daß die Kinder weg waren, der Nachbar zur Linken vor drei Jahren aufgegeben hatte und der zur Rechten gerade dabei war, seine Möbel einzupacken. Die deutschen Bewohner von Worms waren 1944 vor der herannahenden Roten Armee geflohen, aber auch die Russen und Ukrainer, die in ihre Häuser einzogen – aus Gebieten hierher versetzt, die die Wehrmacht verwüstet hatte –, waren in den vergangenen fünfzehn Jahren durch den Niedergang der einst als Kornkammer der ganzen Sowjetunion gerühmten ukrainischen Landwirtschaft, die Zerschlagung der Kolchosen aus ihrem Winogradnoje vertrieben worden.

Diesen Ort, so anmutig und großzügig, vor dem Verfall zu retten, der noch nicht rettungslos schien, stand jedoch auf der Tagesordnung keiner einzigen der zahlreich tätigen Hilfsorganisationen. Die Mitarbeiter der Gesellschaft für Technische Zusammenarbeit lächelten nachsichtig, als ich sie fragte, warum man neue Siedlungen aus dem Boden stampfte, während reihenweise alte Dörfer verfielen, in denen genügend Wohnraum für viele Tausend Rückkehrer aus Kasachstan vorhanden wäre. Nein, statt alte Dörfer zu sanieren, wurden neue gebaut, in denen die Zuzügler bald bar jeder Hoffnung in sanitär gut gewarteten Behelfsquartieren vegetierten.

Nirgendwo freilich war es so schlimm wie in Kudrjawka, dem Ort ohne Geschichte und ohne Zukunft, eine deutsche Siedlung, wohlgestaltet ins Nichts gesetzt, ein Provisorium für die Ewigkeit, in dem die Menschen nach ein paar Monaten sogar vergaßen, worauf sie gewartet hatten. Sie müssen unbedingt nach Kudrjawka fahren, hatte uns eindringlich Pastor

Gross ermahnt, und er, der seine Herde in vielerlei schauerlichen Einöden besuchte, hatte gewirkt, als würde selbst ihn vor diesem Ort der Verdammnis grauen. Naja, hatte der alleweilen optimistische Klaus Fietsch von der Gesellschaft für Technische Zusammenarbeit eingeräumt, das ist wirklich schief gegangen, das würden wir heute nicht mehr so machen. Das muß man gesehen haben, empörte sich hingegen der sonst so selbstbeherrscht ironische Herr Jungmeister, so gehen die Deutschen aus Deutschland mit unseren Deutschen aus Asien um! Und Olga Larinowa war sogar dabei, als Kudrjawka geplant wurde, genau genommen, vom Hubschrauber aus in der ukrainischen Steppe als neue Heimat deutscher Umsiedler erfunden wurde.

Die Geschichte hatten uns verschiedene Leute fast gleichlautend erzählt, und sie klang so unwahrscheinlich, wie es nur die Wahrheit ist, sodaß wir sie für wahr genommen haben würden, selbst wenn Olga sie uns nicht aus eigener Erfahrung bestätigt hätte. Mitte der neunziger Jahre, als in vielen Protokollen die prächtige Zukunft deutsch-ukrainischer Zusammenarbeit bekräftigt wurde und Leonid Krawtschuk die Deutschen aus Zentralasien zur Rückkehr in die Ukraine aufgerufen hatte, war im Süden des Landes ein Regierungsbeauftragter aus Deutschland unterwegs. Dr. Waffenschmidt sollte entscheiden, wo die Siedlungen für die Deutschen gebaut werden, wie sich diese am besten in das soziökonomische Umfeld der Ukraine einfügten, kurz: was mit den Millionen deutscher Mark, die die Bundesrepublik auszugeben gedachte, damit möglichst viele Deutsche nicht nach Deutschland kämen, geschehen sollte. Dr. Waffenschmidt, ein älterer Herr, hatte ein Faible für strategische Spiele, das er in den langweiligen Friedenszeiten, in denen er seine berufliche Laufbahn zu ziehen gezwungen war, nie befriedigend hatte ausleben können. Es gibt Fotos, die zeigen ihn, wie er mit dem Präsidenten der Ukraine in verwegener Montur einen Helikopter besteigt, um von oben, der größeren Übersicht wegen, danach Ausschau zu halten, wohin er die Deutschen umzusiedeln gedachte.

Olga war als Übersetzerin mit vielen offiziellen Delegationen unterwegs gewesen, eine Wirtschaftsdelegation liebte es, die guten Geschäfte mit einer zünftigen Bärenjagd zu besiegeln, anderen stand der Sinn nach einer rauschenden Krimpartie, und auch da hatte sie, die Antialkoholikerin, gerne mitgemacht; allein Dr. Waffenschmidt mußte man, wenn man sich mit ihm, dem Repräsentanten Deutschlands, gut stellen wollte, in einem Helikopter der ukrainischen Luftstreitkräfte über das Land brausen lassen. Der Präsident der Ukraine hatte anderes zu tun und begleitete, vielleicht aus Flugangst, den Regierungsbeauftragten aus dem reichen, fernen Deutschland nur ein einziges Mal bei seiner Erkundungsmission. Dr. Waffenschmidt machte es sich strategisch keineswegs leicht. Nicht daß er dem Auftrag der Regierung nachgekommen wäre, indem er, wie ein alter Feldherr über Landkarten gebeugt, seine Entscheidungen am Tisch gefällt hätte, nein, er überflog den Süden der Ukraine Kilometer um Kilometer, schaute sich Wiesen und Felder, Wälder, Dörfer und Seen von oben an, kein Hinterhalt entging ihm, kein Manövergebiet, bis er sich endlich entschied: Dort, von keiner anderen Gemeinde in der Nähe belästigt, jenseits der Flüsse und Teiche, hinter den Wäldern und Feldern, dort, im Herzen des Nichts, sofern das Nichts ein Herz hat, so mitfühlend schlagend wie jenes des Regierungsbeauftragten, gedachte dieser seinen unbehausten Deutschen eine Heimat zu schenken: Kudrjawka sei ihr Name, und wer ihn heute ausspricht, den schaudert es.

15

Berezivka, das von allen Leuten, die es bewohnen, russisch Beresovka genannt wird, ist eine kleine, geschäftige Stadt, rund achtzig Kilometer nördlich von Odessa, etwas abseits der Schnellstraße, die Odessa mit Kiew verbindet. Verläßt man die Stadt in westlicher Richtung, wird die Straße zusehends schmaler und vor einem Ort namens Zavodivka ist sie zum Feldweg geworden, der nicht den Autofahrern, sondern Hunderten fetter Gänse gehört, die sich in den Pfützen niedergelassen haben und ihren Platz gemächlich verlassen, wenn jemand sie mit wilden Hupen aufscheucht. Bei Zavodivka zweigt eine Fahrrinne in die Felder ab, in die schwere Geländewagen ihre Rillen eingegraben haben. Nach etwa sechs, sieben Kilometern auf buckliger Piste erreicht man den ukrainischen Weiler Jasnapole, in dem die Jugendlichen ihre Zeit damit zubringen, auf einem Stoß Holzscheiter das Auto des Tages zu erwarten: Vielleicht haben sie darauf gewettet, daß es dunkelblau ist, oder auf eine bestimmte Autonummer gesetzt, jedenfalls freuten sie sich, daß eines gekommen war und winkten uns ausgelassen zu.

Nach Jasnapole schien der holprige Weg übers Land kein Ende zu nehmen. Es ging leicht hügelan, hügelab, durch Senken, die mit Wasser angefüllt waren, da und dort lagen riesige Erdklumpen in der Fahrspur. Nach fünfzehn Kilometern, für die wir mit dem Auto eine gute Stunde benötigten, erhoben sich aus der Ebene die Dächer einer Ansiedelung, über die völlige Stille gebreitet war. Wie aus der Zeit gefallen, lag Kudrjawka vor uns, mit seinen zwei Reihen von Häusern, die alle gleich ausschauten. Am Ende des Dorfes baten wir Denis Pista, einen jungen Russen, der wie so viele Arbeitslose sein Geld damit verdiente, mit seinem klapprigen Wagen Gäste stunden- oder tageweise zu chauffieren, geradezu gegen seinen Willen halt zu machen. Er zuckte die Schultern, lächelte, aber es gelang ihm nur gequält, denn er fühlte sich hier, am Ziel unserer Fahrt, so unwohl wie wir.

Wir gingen zwei Mal durch den Ort, ehe wir jemanden fanden, der in seinem Garten werkte. Es war ein semmelblonder Mann von fünfzig Jahren, der gerade beim Holzhacken war und uns nicht unfreundlich anblickte, dem es aber auch nicht behagte, angesprochen zu werden. Er verstand kein Deutsch. Er begriff aber, daß wir Kudrjawka besuchten, weil wir von den Deutschen gehört hatten, die hier leben sollten. Da schlug er sich in theatralischer Verzweiflung mehrfach auf die Brust und rief aufgeregt: »Nemzi, Nemzi!« Ein Deutscher sei er, aber selbst das vermochte er nur auf russisch zu sagen. Ich bat ihn, mir seinen Namen in meinen Notizblock einzutragen, und sah, daß er seinen deutschen Namen nur auf cyrillisch schreiben konnte. Eine merkwürdige Erregung ergriff ihn, als ich ihn entzifferte und laut vorlas: Peter Riffert. »Da, da«, rief er, »Peter Riffert, Nemzi!« Er holte seinen Sohn, der lieber in der Garage weitergebastelt hätte, einen feschen Burschen mit schwarzem glatten Haar, ein deutscher Mongole aus Kasachstan. Sein Vater nötigte ihn, uns mit dem Motorrad ans andere Ende des Dorfes vorauszufahren, denn dort wohnte eine Familie, die noch Deutsch konnte.

Der junge Mann klopfte für uns bei einem Haus, das aussah wie jenes, vor dem wir seinen Vater getroffen hatten, und unverzüglich wurde die Tür geöffnet, in der immer mehr Leute erschienen und laut und vielstimmig ihrer Freude Ausdruck verliehen, so überraschenden Besuch zu erhalten. Wir waren bei der Familie Wargentin-Savtschenko aus Kirgisien gelandet. Die Urgroßmutter, eine massige Alte mit dicken Brillengläsern, hinter der ihre Augen gewaltig vergrößert funkelten, führte das Wort. Sie sprach als einzige Deutsch, das sie fortwährend mit russischen Worten versetzte, und begann sofort mit der größten Freundlichkeit auf alles Mögliche zu schimpfen, auf das Wetter, die deutschen und die ukrainischen Politiker, die Kasachen und die Deutschen, besonders auf die Deutschen von Kudrjawka. Hinzu trat ihre Tochter Anna, 1956 geboren, verheiratete und geschiedene Savtschenko, eine blonde Frau mit rotfleckigem, vom Alkohol gezeichneten Gesicht; schließlich deren Tochter Oxana, ein zierliches, aufgewecktes Mädchen von 23 Jahren, und deren vierjährige Tochter Angelina. Sie wollten gleich alle fotografiert werden und schubbsten zu diesem Zweck die vielen anderen Kinder, die aus dem Haus kamen und offenbar die Spielgefährten Angelinas waren, rüde weg, was diese im übrigen nicht besonders scherte.

Vier Generationen weiblicher Wargentin-Savtschenko! Der Mann der Urgroßmutter ruhte in kirgisischer Erde, jener der Tochter, die auch schon Großmutter war, tat gerade das Seine, um sich saufend so rasch wie möglich zu seinem Schwiegervater unter die Erde zu verfügen. Über den Vater Angelinas mochte Oxana keine nähere Auskunft geben, sondern nur kichern, der war irgendein Kerl aus Beresovka, den sie schon lange nicht mehr gesehen hatte. In Kirgisien war alles viel schöner als hier, aber die verfluchten Ukrainer hatten sie hierher gelockt, und die verfluchten Deutschen sorgten dafür, daß sie nie mehr wegkämen von hier!

Jetzt holten sie die amtlichen Dokumente und Bescheide aus dem Haus, abgegriffene, zerfledderte Papiere, die sie wohl tausend Mal studiert und hergezeigt hatten. Außer der Urgroßmutter war keine als Deutsche anerkannt worden. Der letzte Bescheid, gegen den es keinen Einspruch mehr gab, war mit April 2002 datiert und von einem Mitarbeiter des deutschen Bundesverwaltungsamtes mit der Floskel begründet, daß Anna, Oxana und Angelina Savtschenko der Status von Spätaussiedlern nicht gewährt werden könne, »weil sie nach meiner Ermittlung nicht deutscher Volkszugehörigkeit sind«. Keine deutsche Volkszugehörigkeit, empörte sich Anna auf russisch! »Ja, was denn sonst? Bin ich vielleicht eine Kirgisin? Jetzt müssen wir hier bleiben, bis wir verfaulen, zurück können wir nicht, wir haben alles verkauft in Kirgisien, und weiter in den Westen lassen sie uns nicht. Kudrjawka ist unsere Endstation.«

In Jasnapole lebten nur ein paar Dutzend Leute, Beresovka war 25 Kilometer entfernt, 25 Kilometer auf dieser Straße, die außer mit stabilen Geländewagen kaum zu befahren war. Einmal im Monat würden sie nach Beresovka einkaufen gehen. Denn in Kudrjawka gab es kein Kaufhaus, auch kein Wirtshaus, nicht einmal einen Kiosk, wie er sonst an so vielen Orten in der Ukraine Kaufhaus und Wirtshaus ersetzt. Zweimal in der Woche kam der Bus, der nach Beresovka fuhr. Sonst waren die vielleicht dreißig Familien aus Kasachstan und Kirgisien, diese Deutschen aus der asiatischen Steppe, die es in Dr. Waffenschmidts deutsche Idylle verschlagen hatte, für sich allein. Ein paar von ihnen arbeiteten in der Kolchose, die anderen hatten keine Arbeit. Der einzige Mensch, der manchmal von außen, aus der Welt zu ihnen kam, war der Pastor Gross, seinetwegen besuchten sie sogar die Messe, obwohl von ihnen kein einziger Lutheraner war. Sie glaubten an gar keinen Gott mehr, denn gäbe es ihn, würde es Kudrjawka nicht geben. Aber außer Pastor Gross kam niemand vorbei, dem sie ihr Leid klagen konnten, und darum gingen sie eben zur Messe, denn untereinander klagten die Bewohner Kudrjawkas nicht mehr, sie waren längst dazu übergegangen, miteinander nicht das Leid, nur den Zank und Hader zu teilen.

In der Zwischenzeit war ein Mann mittleren, wiewohl kaum bestimmbaren Alters zu uns getreten, der alkoholisiert war, immer aufs neue versuchte, von einem besonders ärgerlichen Vorkommnis zu berichten und endlich von seiner Frau geholt wurde, die ihm, zum Gelächter der Anwesenden, eine Ohrfeige gab, worauf er sich grollend mit ihr zurückzog. Wir standen immer noch vor dem Haus, um das sich eine Anzahl von Dorfbewohnern geschart hatte, und von denen jeder uns den Weg, den Irrweg, der ihn hierher geführt hatte, beschreiben wollte.

Um unsere ungeteilte Aufmerksamkeit für sich und die Ihren zu haben, drängte uns die Urgroßmutter schließlich in das Haus hinein. Es war nach dem einfachen Plan gebaut, den die Gesellschaft für Technische Zusammenarbeit auch andernorts ihren Häusern zugrundelegte, aber beherbergte eine Familie, die mit den Räumlichkeiten nicht recht umzugehen wußte. Fünf Jahre waren sie jetzt schon hier, Angelina war bereits in Kudrjawka geboren, doch keines der Zimmer war wie auch immer wohnlich eingerichtet, es stapelten sich darin die Einrichtungsgegenstände wie Gerümpel, und überhaupt schien von den vier Räumen nur die Küche benutzt zu werden, in der es brechend warm geheizt war und sich eine küchendunstige Gemütlichkeit entfaltete.

Jetzt mußten wir alle die amtlichen Dokumente, die abschlägigen Bescheide und letztgültigen Absagen noch einmal durchschauen. Ob es uns nicht möglich wäre, gegen diesen Bescheid da, auf dem unmißverständlich stand, daß gegen ihn kein Einspruch mehr möglich sei, doch noch begründeten Einspruch zu erheben und für die Familie Wargentin-Savtschenko zu formulieren? Es war beklemmend für uns, denn die Hoffnungen, die längst aufgegebenen, waren durch unseren Besuch wieder erwacht in diesen drei Frauen mit ihrer hübschen, kleinen Angelina. Auf dem Tisch stand eine große Schüssel mit kaltem Kartoffelpürree, jeder erhielt einen Löffel, und so löffelten wir zu sechst diesen klebrigen, ungesalzenen Brei. »A bisele Snaps, a bisele Snaps«, sagte die Urgroßmutter immer, wenn sie sich, ihrer Tochter, der Enkelin und uns nachschenkte, was ziemlich rasch und oft geschah. Ich schrieb mir die Daten der amtlichen Bescheide ab und sagte, daß ich beim besten Willen nicht wußte, was ich unternehmen könnte, um diese Dokumente, mit denen das Ausreiseverfahren definitiv abschlägig beendet worden war, anzufechten.

Als wir aufbrachen, den kalten Brei und viel von dem »bisele Snaps« im Magen, holte Anna aus einer Vorratskammer ein großes Glas, in dem ein, wie wir später feststellten, ausgezeichnet schmeckendes Kraut eingelegt war. Wir sollten das Kraut in Odessa mit dem selbstgebackenen Brot essen, von dem sie uns auch noch einen riesigen Laib zusteckten, und die Familie Wargentin-Savtschenko nicht vergessen. Wir standen noch eine Weile vor dem Haus, ich klammerte mich an das Glas und den Laib Brot, die Urgroßmutter schlug mit der einen Hand auf das Bündel an Dokumenten, das sie in der anderen hielt, und Anna und Oxana kämpften mit den Tränen, weil sie begriffen, daß die Besucher aus Österreich sie nicht zu jenen Deutschen machen konnten, die zu sein sie so innig begehrten, und weil sie wußten, daß Kudrjawka ihr Schicksal war.

Dank und Bibliographie

Zwei deutsche Historikerinnen haben in den letzten Jahren unabhängig voneinander bedeutende Bücher zur litauisch-deutschen Geschichte, zumal des Memellandes verfaßt. Ohne Kenntnis ihrer Bücher hätte ich mich nicht auf die Reise nach Litauen gemacht.

Von Ruth Kibelka habe ich insbesondere die beiden Bücher »Wolfskinder. Grenzgänger an der Memel« (Basis-Druck, 4. Auflage, Berlin 2003) und »Memelland. Fünf Jahrzehnte Nachkriegsgeschichte« (BasisDruck, Berlin 2002) zu Rate gezogen.

Ulla Lachauer hat mit »Ostpreußische Lebensläufe« (Rowohlt, Reinbek 1998) verdientermaßen ein großes Publikum erreicht und mit »Land der vielen Himmel«, wie es der Untertitel sagt, einen »Memelländischen Bilderbogen« vorgelegt (Siedler, 2. Auflage, Berlin 2002).

Über die Geschichte der Juden in Litauen informieren Solomon Atamuk in »Juden in Litauen. Ein geschichtlicher Überblick« (Hartung-Gorre Verlag, Konstanz 2000) und Jonas Morkus in »The Jerusalem of Lithuania. The history and culture of the Litvaks« (Inter Se, Vilnius 2002).

Gewissermaßen die offiziöse, die Verstrickung vieler Litauer in die nationalsozialistische Vernichtungspolitik negierende Sicht der Dinge präsentiert Nerijus Sepetys in »Litauen im Visier des Dritten Reiches« (Aidai, Vilnius 2001).

Von starkem polnischen Patriotismus gefärbt ist das Stadtporträt »Wilna« des Nobelpreisträgers Czeslaw Milosz (Hanser, München 1997). Unüberbietbarer Lokalpatriotismus prägt hingegen das Büchlein von Antanas Stanevicius »Rätselraten um Ännchen von Tharau«, das der wechselvollen Geschichte des Simon Dach-Brunnens in Klaipėda nachspürt (Rytas, Klaipėda 1992).

Von den vielen Reiseführern hat mir Günther Schäfers »Litauen mit Kaliningrad« (Reise Know How Verlag, 4. Auflage, Bielefeld 2003) die besten Dienste erwiesen.

Einen guten Einblick in die litauische Gegenwartsliteratur gewährt die Anthologie »Meldung über Gespenster« (Otto Müller, Salzburg 2002), herausgegeben und übersetzt von Cornelius Hell, dem ich zudem großen Dank dafür schulde, daß er mich mit etlichen litauischen Intellektuellen bekannt machte.

Ihre Forschungsergebnisse über Leben und Sterben des Feldwebels Anton Schmid haben Manfred Wieninger und Christiane M. Pabst in der Zeitschrift *Literatur und Kritik* (Heft 383/384, Mai 2004) zusammengefaßt.

Als äußerst hilfsbereit und wohlinformiert haben sich in Vilnius der österreichische Botschafter Michael Schwarzinger und seine Frau Rosi erwiesen, denen ich für liebenswürdige Unterstützung herzlich danke. Judith Lewonig von der *Baltischen Rundschau* in Vilnius hat mich mit wichtigen Adressen versorgt und mir mancherlei Hinweis gegeben, was auch auf Rasa Balčikonytė vom litauischen Kulturministerium zutrifft: beiden sei herzlich gedankt, wie auch Julius Zukas, dem stellvertretenden Direktor des »Kleinlitauischen Museums« in Klaipėda, und Frau Dr. Roza Šikšniene, der Leiterin des Heimatmuseums von Šilutė, für ihre Spezialführungen.

*

Von Ernst Hochberger, dem langjährigen Vorsitzenden des Karpatendeutschen Kulturwerks in Karlsruhe, stammt »Das

große Buch der Slowakei« (Sinn-Verlag, 3. Auflage, Bad Über-
kingen), das sich revanchistischer Töne enthält und, wiewohl
die Fakten gelegentlich parteiisch aufbereitend, ein souveränes
Wissen über die historischen und kunstgeschichtlichen Zusammenhänge der Slowakei ausbreitet.

Tendenziöser ging Paul Brosz in seinem Buch über »Das
letzte Jahrhundert der Karpatendeutschen in der Slowakei« zu
Werke (Arbeitsgemeinschaft der Karpatendeutschen aus der
Slowakei, Stuttgart 1992), das ich aber wegen seiner Fülle an
Materialien öfter zu Rate zog.

Hilfreich ist die Liste »Deutsche Ortsnamen in der Slowakei« von I. Lasslob (Arbeitsgemeinschaft der Karpatendeutschen aus der Slowakei, Stuttgart 1974), weil sich die slowakischen Reiseführer, Tourismusprospekte und Landkarten der
durchaus angebrachten Mühe, da und dort zwei- oder drei-
sprachige Namen anzuführen, keineswegs unterziehen.

Aus vielerlei Gründen immer noch lesenswert, wenngleich
in seinen Voraussetzungen überholt, ist das enzyklopädisch angelegte, 1927 erschienene Werk »700 Jahre deutschen Lebens
in der Zips« von Hugo Grothe.

Zahllose Hinweise verdanke ich dem in Poprad erscheinen-
den *Karpatenblatt*, von dem mir Chefrakteur Vladimir Majov-
ský, dem ich auch sonst für vielerlei Hife herzlich danke, gleich
die letzten sieben Jahrgänge zur Lektüre mitgab: eine Fund-
grube.

Gut lesbar, kenntnisreich und in der Einschätzung historischer Ereignisse wie gegenwärtiger Entwicklungen äußerst
hilfreich ist das Buch der einstigen österreichischen Botschaf-
terin in Bratislava, Gabriele Matzner, »Im Kreuz Europas: Die
unbekannte Slowakei« (Holzhausen, Wien 2001).

Aufschlußreich ist die Studie von Friedrich Gottas, »Zwischen Bekenntnis zur deutschen Sprache und Kultur und un-

garischem Patriotismus« (im Kongreßbericht Z Minulosti Spiša, Levoča 2002).

Eine schöne kleine »Familienchronik« hat Peter Klein unter dem Titel »Die Zipser« veröffentlicht (in Rüdiger Wischenbart: Karpaten. Die dunkle Seite Europas, Kremayr & Scheriau, Wien 1992) Zudem habe ich mir aus Aberdutzenden Broschüren, Prospekten etc. diverser slowakischer Fremdenverkehrsvereine geholt, was mir nützlich schien. Mit Gewinn, freilich ob des intransigenten Tones, der darin gelegentlich noch immer angeschlagen wird, nicht immer mit Vergnügen habe ich desgleichen zahllose Zeitungen, Jahrbücher und diverse Broschüren durchgesehen, die von karpatendeutschen Vereinen und Organisationen in Deutschland und Österreich herausgegeben werden. Völlig frei von dieser Einschränkung sind die freilich nicht auf die Geschichte der Karpatendeutschen eingeschränkten *Südostdeutschen Vierteljahresblätter,* die in München erscheinen.

Für aufklärende Gespräche danke ich dem damaligen Kulturattaché der Republik Österreich in Bratislava, Walter Persche, dem Direktor des Karpatendeutschen Museums ebendort, Dr. Ondrej Pöss, und vielen anderen, Honoratioren wie Namenlosen.

*

Die Literatur zu den Rußlanddeutschen ist in den letzten Jahren gewaltig angewachsen. Von den Standardwerken verdanke ich wichtige Informationen namentlich den folgenden Publikationen:

Geschichte und Kultur der Rußlanddeutschen. Auf den Spuren einer Minderheit. Jan Thorbecke Verlag, Sigmaringen 1989.

Alfred Eisfeld: Die Rußlanddeutschen. Langen Müller, 2. erweiterte Auflage, München 1999.

Herbert Wiens: Die Rußlanddeutschen. Ihre Geschichte – ihr Schicksal – unsere Verpflichtung. Landsmannschaft der Deutschen aus Rußland, 3. Auflage, Stuttgart 1999.

Volk auf dem Weg. Geschichte und Gegenwart der Deutschen in Rußland. Landsmannschaft der Deutschen aus Rußland, Stuttgart 2002.

Spezieller mit der Geschichte der Deutschen in der Ukraine setzen sich die folgenden Bücher auseinander:

Anton Bosch/Josef Lingor: Entstehung, Entwicklung und Auflösung der deutschen Kolonien am Schwarzen Meer. Landsmannschaft der Deutschen aus Rußland, Stuttgart 1990. (Dieses Heimatbuch der Gemeinde Kandel, verfaßt von zwei erfreulich weltoffenen Geistlichen, weist in der detaillierten Beschreibung der Alltagskultur in der Kutschurganer Kolonie weit über seinen Darstellungsgegenstand hinaus.)

Czernowitz, Kiew, Jalta, Odessa. Begegnungen, Impressionen, Erfahrungen. Haus des Deutschen Ostens, Dillingen 1995. (Darin von besonderem Interesse waren für mich die vorurteilsfreien Arbeiten von Ortfried Kotzian über Minderheitenpolitik, Norbert Matern über die Ukraine, Thomas Urban über die Krim, Dorothea Cerpnjak über das Bayrische Haus in Odessa und vor allem die Studien von Bodo Bost, der sich nicht gescheut hat, das tabuisierte Thema der deutschen Besatzung der Ukraine von 1941 bis 1944 und der Verstrickung von Volksdeutschen in die mörderische Besatzungspolitik aufzugreifen.)

Deutsche aus Odessa und dem Schwarzmeergebiet. Augsburg 1996. (Ein ausgezeichneter, mit neuem und historischem Fotomaterial ausgestatteter Ausstellungskatalog.)

Konrad Keller: Die Deutschen Kolonien in Südrußland. Historischer Forschungsverein der Deutschen aus Rußland, Stuttgart 2000. (Nachdruck der tendenziösen, aber materialreichen Chronik des Pfarrers Keller, die von den ersten Jahren der Kolonisierung bis zum Jahr 1905 reicht.)

Deutsche und Deutsche Kultur in der Ukraine. Kiew 2003. (Eine regierungsamtliche und folglich an phrasenreichen Geleitworten reiche, etwas schönfärberische Darstellung.)

Die Deutschen der Region Odessa. Zwei Jahrhunderte im Schwarzmeergebiet. Wohltätigkeitsfonds Bayrisches Haus, Odessa 2003.

200 Jahre deutsche Geschichte und Kultur im Schwarzmeergebiet (1803–2003). Landsmannschaft der Deutschen aus Rußland, Stuttgart 2003.

Glocken in der Erde. Sammelband der rußlanddeutschen Prosa. Literaturagentur Waräger, Moskau 1997.

Zum Thema gehören natürlich Bücher russischer und zumal Odessitischer Autoren wie Isaak Babel, Konstantin Paustowskij, Vera Inber, Ilf und Petrow, Boris Schitkow, Irina Ratuschinskaja. Und Karl Schlögels Sammlung von Städteporträts »Die Promenade von Jalta«, Hanser, München 2001, die ins Handgepäck jedes Reisenden gehört, der sich in den europäischen Osten aufmacht.

*

Die Arbeit an diesem Buch wurde mit einem Projektstipendium des österreichischen Bundeskanzleramtes, Sektion für Kunstangelegenheiten/Literatur, gefördert.

Karl-Markus Gauß

im Paul Zsolnay Verlag

Die sterbenden Europäer

2001. 240 Seiten

Europa verdankt seinen kulturellen Reichtum den kleinen Völkern. Nun drohen sie für immer zu verschwinden. Karl-Markus Gauß machte sich auf die Suche nach Geschichte und Gegenwart historischer Regionen und Nationen, er war unterwegs zu den Sepharden von Sarajevo, in die Gottschee, bei den Arbëreshe in Kalabrien, den Sorben in Deutschland und den Aromunen in Mazedonien. Eine wundersame Reise an die Ränder des Kontinents.

»Karl-Markus Gauß lehrt uns das Staunen über den Reichtum Europas.«

Karl Schlögel, *Frankfurter Allgemeine Zeitung*

»Kein Zweifel kann daran bestehen, daß es sich hier um einen wichtigen, differenzierten, nachdenklich stimmenden Beitrag zum kulturellen Selbstverständnis eines sich neu formierenden Europa handelt.«

Renate Wiggershaus, *Neue Zürcher Zeitung*

»Karl-Markus Gauß hat die unbekannten Räume des Dazwischen mit ereignisreichem europäischen Leben gefüllt und eine gleichermaßen poetische wie profunde Hommage an ›Europas Ränder‹ geschrieben.«

Marica Bodrozic, *Frankfurter Rundschau*

Die Hundeesser von Svinia
2004. 120 Seiten

Svinia, ein Ort im Osten der Slowakei, in der Erweiterungszone der Europäischen Union; und ein Ort, wie aus der Zeit und der Welt gefallen. Dort leben die Ausgestoßenen unter den ärmsten der Europäer, Roma, die so lange umgesiedelt, verfolgt, mißachtet wurden, bis sie ihre eigene Geschichte vergaßen. Die 700 in Svinia lebenden Menschen werden selbst von den anderen Roma verachtet, weil sie als Degesi, als »Hundeesser«, gelten und eine Kaste der Unberührbaren bilden.

»Der europäische Spurensucher par excellence bei den Roma im Osten der Slowakei: ein Reisebericht aus der Vorhölle auf Erden mit Herz und Hirn und ohne Phrasen.«

Ulrich Weinzierl, *Die Literarische Welt*

»Karl-Markus Gauß ist ein Reiseberichterstatter von nachgerade philosophischem Format; sein Sehen ist ein Schauen, und wenn er berichtet, so entsteht hinter den gedruckten Buchstaben dasjenige, was man früher mit dem Begriff ›Aura‹ einzufangen versuchte.«

Ursula Pia Jauch, *Neue Zürcher Zeitung*

»Dieser Schriftsteller schaut genau hin, als wäre er ein Ethnologe bei der Feldarbeit – was er wohl auch ohne entsprechendem Titel ist. Er verbindet die so gewonnenen Details zu einem Ganzen, das keineswegs stimmig zu sein hat. Er wahrt bei allem eine Leichtigkeit, gelegentlich eine Ironie der Sprache, die üblicherweise anderen Themen vorbehalten ist.«

Michael Freund, *Der Standard*